JN331099

天上の根を求めて

# シモーヌ・ヴェイユ

シルヴィ・クルティーヌ＝ドゥナミ 著
庭田茂吉・落合 芳 訳

萌書房

*Simone Weil: La quête de racines célestes*
by Sylvie Courtine-Denamy
Copyright © 2009 by Les Éditions du Cerf
All Rights Reserved.
Authorised translation from French language edition
published by Les Éditions du Cerf
Japanese translation published by arrangement
with Sylvie Courtine-Denamy

ナターンとジャンヌに

天上から絶えず降り注ぐ光だけが、大地に強い根を深く下ろすエネルギーを一本の木に供給する。木は実は天上に根づいているのである。

『ロンドン論集とさいごの手紙』

# 凡例

一、本書は、Sylvie Courtine-Denamy, *Simone Weil: La quête de racines célestes*, Les Éditions du Cerf, Paris, 2009. の全訳である。

一、カッコ類については、原文中の《 》は邦訳中の「 」に、( )は( )に、[ ]は〔 〕に、それぞれ対応する。なお、〔 〕は訳者による補足である。

一、原文中のイタリック体のうち、書名や雑誌名は『 』で、強調は傍点を付して表した。なお、ラテン語等も原文ではイタリック体となっているが、特に区別せずに訳している。

一、シモーヌ・ヴェイユの著作からの引用については、原著書に従って、次の略語を用いて出典を明記している。また、邦訳文献のあるものについては、直後に〔 〕でその頁数を明記した。ただし、本書の引用個所の訳文は邦訳書の日本語そのままというのではなく、適宜訳文を変えた。

***Œvres complètes***

*OC*, I, *Premiers écrits philosophiques.*

*OC*, II, 1, *Écrits historiques et politiques. L'Engagement syndical* [*EHP*, 1].

*OC*, II, 2, *Écrits historiques et politiques. L'Expérience ouvrière et l'adieu à la révolution* [*EHP*, 2].「工場生活の経験」に関しては『シモーヌ・ヴェーユ著作集Ⅱ』(著②) 山本顕一訳、春秋社、一九六八年の頁数を、『工場日記』に関しては、『工場日記』田辺保

訳、講談社、一九七二年の頁数を明記した。

*OC*, II, 3, *Écrits historiques et politiques. Vers la guerre* (*1937-1940*) [*EHP*, 3].

*OC*, IV, 1, *Écrits de Marseille* (*1940-1942*) [*EM*].

*OC*, VI, 1, *Cahiers* (*1933-septembre 1941*) [*K*].

*OC*, VI, 2, *Cahiers* (*septembre 1941-février 1942*) [*K*].

*OC*, VI, 3, *Cahiers* (*février-juin 1942*). *La Porte du transcendant* [*K*].

*OC*, VI, 4, *Cahiers* (*juillet 1942-juillet 1943*). *La Connaissance surnaturelle* (*Cahiers de New York et de Londres*) [*K*].

*OC*, VI, 1-4については、以下の『カイエ』の巻数と頁数を明記した。ただし、相互の巻数は一致していない。

『カイエ1』山崎庸一郎・原田佳彦訳、みすず書房、一九九八年
『カイエ2』田辺保・川口光治訳、みすず書房、一九九三年
『カイエ3』冨原眞弓訳、みすず書房、一九九五年
『カイエ4』冨原眞弓訳、みすず書房、一九九二年

*AD*　*Attente de Dieu*「神を待ちのぞむ」『シモーヌ・ヴェーユ著作集Ⅳ』（著④）所収、渡辺秀訳、春秋社、一九六七年の頁数を明記した。

*CSW*　*Cahiers Simone Weil*

*E*　*L'Enracinement*『根をもつこと』上・下、冨原眞弓訳、岩波文庫、二〇一〇年の上

巻もしくは下巻とその頁数を明記した。

*EL*　*Écrits de Londres et dernières lettres*『ロンドン論集とさいごの手紙』田辺保・杉山毅訳、勁草書房、一九六九年の頁数を明記した。

*IPC*　*Intuitions préchrétiennes*『前キリスト教的直観——甦るギリシア』今村純子訳、法政大学出版局、二〇一一年の頁数を明記した。

*LR*　*Lettre à un religieux*「ある修道者への手紙」『シモーヌ・ヴェーユ著作集Ⅳ』（著④）所収、大木健訳、春秋社、一九六七年の頁数を明記した。

*Œuvres*　*Œuvres, sous la direction de Florence de Lussy*「アルベルチーヌ・テヴノン夫人宛ての手紙（一）」『シモーヌ・ヴェーユ著作集Ⅰ』（著①）所収、橋本一明訳、春秋社、一九六八年の頁数を明記した。

*OL*　*Réflexions sur les causes de l'oppression et de la liberté*『自由と社会的抑圧』冨原眞弓訳、岩波書店、二〇〇五年の頁数を明記した。

*P.*　*Poèmes, suivi de Venise sauvée*

*PG*　*La Pesanteur et la Grâce*

*PSO*　*Pensées sans ordre concernant l'amour de Dieu*

*SP*I *et SP*II　Simone Pétrement, *La Vie de Simone Weil*, 2 vol.

# 日本の読者への二通目の手紙

私の『暗い時代の三人の女性――エディット・シュタイン、ハンナ・アーレント、シモーヌ・ヴェイユ――』の後、今度は日本の読者が女性哲学者シモーヌ・ヴェイユに丸ごと焦点を当てた作品を間を置かずに再び受け入れてくださることを光栄に思います。私はそこに友情のしるしを認めます。あなたたちを襲った、あの恐ろしい三重の大災害〔地震、津波、原発事故〕、あの恐ろしい「三月一一日」によって、あなたたちが、自閉的になることのないように、西洋文化への関心を持ち続けそこから離れることのないように願っています。

この本は、私の最も新しい作品、二〇〇九年のシモーヌ・ヴェイユ生誕一〇〇周年にセール書店から出版された作品『シモーヌ・ヴェイユ――天上の根を求めて――』です。この新しい本において私が問いたかったのは、この女性哲学者における一つの逆説のようなものです。実際、私は、彼女の持つ、あらゆる環境から離脱（*détachement*）し、根こぎになろうとする断固たる意志に打たれました。それは、彼女が『抑圧と自由（邦題：自由と社会的抑圧）』という著作で暴いた労働者の疎外を実際に経験するために労働者や農民の労働条件を把握することを選んだ時になされた、自分の家庭環境、すなわちブルジョワの根を断ち切ることでした。たとえ彼女が最終的にカトリックへの回心を決断しなかったにしても、それはまた、彼女自身のユダヤ的血統に対する根こぎでもありました。このことは、ユダヤ人の迫害の時代にあっては、スキャンダラスなことのように見えさえしました。逆説が問題であるのは、彼女が、一九四三年にロンドンで書かれ、その死によって未完成に終わった最後のテクスト、『根をもつこと――人間に対する義務宣言へのプレリュード――』において、現在の状況の災厄を問いながら、ヨーロッパが「内的な病い」に苦しんでいるという診断を下し、「その根はほとんど完全に蝕まれて〔いて、〕最初の一撃で倒れる一本の木[1]」というイメージに依拠する限りにおいてなのです。アルベール・カミュはこれを編集し、このテクストとともにガリマール書店のエスポワール叢書の刊行を始めました。以来、このテクストは、「全体主義的偶像」を最終的に根絶するためのレジスタンスの一つの文書とみなされてきました。ここには、ナチズムが敗北した際に、フランスが自分たちで再び根をもつことができるようにするために、「魂」の諸欲求を考慮に入れた、いくつかのきわめて具体的な提案が描かれています。

シモーヌ・ヴェイユは英国でレジスタンスに合流しましたが、サナトリウムで三四歳という非常に若い年齢で亡くなりました。彼女は、書物を介するか、また情熱的に取り組んだ諸国語の習得による以外には、旅行をする時間もほとんど持てませんでした。たとえ彼女が、ギリシア人たちによってわれわれに伝えられたものがギリシア人自身が受け取ったものでしかなかったということを、すなわち、「そのインスピレーションが第一にエジプトから、第二にフェニキア人たちに由来する地中海文明[2]」でしかなかったということを認めていたとしても、われわれは彼女がギリシア人たちや彼らの文化に捧げた愛を知っています。しかし、シモーヌ・ヴェイユはまた東洋を愛していました。そして、彼女は、「もしわれわれがアメリカのお金と工場によって解放されるだけであるならば、われわれはどっちみちわれわれが被っているのと同等の、もう一つの従属に再び陥ることになるだけであろう[3]」ということを確信していました。かくして彼女は、とりわけ「東洋との真の、深い、新たな接触[4]」をくぐり抜けた精神的武器をもって抵抗することを求めました。

それこそ、彼女の著作において、インド文明や中国文明への参照がよく見られる理由です。彼女の兄で大数学者、アンドレ・ヴェイユの持っていた本の中に、『バガヴァッド・ギータ』のフランス語訳を発見した後、マルセイユに避難している時にルネ・ドーマルやランザ・デル・ヴァストと出会った後、彼女は、ルネ・ゲノン[5]の著作を通して、サンスクリットとその思想の勉強に取りかかりました。同じ頃、中国の東洋美術についてのマルセル・ブリオンの講演に出席した後、彼女は、三人の中国の哲学者たち、老子、荘子、列子の著作を発見し、それに続いて、友人のシモーヌ・ペトルマンに宛てた一九四二年二月の絵はがきにある通り、鈴木大拙の著作に取り組みます。「英語で書かれた禅仏教に関しては、私はあなたに哲学者鈴木大拙（一八七〇―一九六六）の著作を推薦します。それはきわめて好奇心をそそります……」[6]。『禅仏教についての試論』第二集の主な訳者であるルネ・ドーマルに勧められて、彼女は、『カイエ』、とりわけカイエXV（*K15*）の中で、その読解に取りかかり、いくつかの文章全体を書き写し、要約し、翻訳し、注釈しました。中国語、日本語、そしてサンスクリットの翻訳者である鈴木大拙の方も、シモーヌ・ヴェイユが彼の本を発見したことについて、「私は彼女が私の本を読んだことに驚き、同時に、ひとりの西洋人女性に対して感心した」と称賛し、そして彼は、そこに、世界に開かれた思想、すなわち、普遍的なものに開かれた一つの思想の表徴を見出しました[7]。

私は、日本の読者や友人がやがてそのひどい痛手から立ち直るだろうということを疑いませんし、そして、この本を読めば、前著『暗い時代の三人の女性』と同じように気に入っていただけるものと思っています。

二〇一一年五月

シルヴィ・クルティーヌ＝ドゥナミ

**注**

（1） S. Weil, *L'Enracinement*, Paris, Gallimard, «Folio», 1949, p. 68. Repris dans *Œuvres*, sous la direction de Florence de Lussy, Paris, Gallimard, 1999, «Quarto», pp. 1025–1218.（S・ヴェイユ『根をもつこと（上）』冨原眞弓訳、岩波文庫、二〇一〇年、七二頁）

（2）S. Weil, «À propos de la question coloniale dans ses rapports avec le destin du peuple français», 1943, in *Œuvres*, sous la direction de Florence de Lussy, Paris, Gallimard, 1999, «Quarto», p. 435.

（3）S. Weil, *Écrits de Londres et dernières lettres*（*EL*）, Lettre à ses parents（4 août 1943）, Paris, Gallimard, coll. «Espoir», 1957, p. 107.（「父母への手紙」『ロンドン論集とさいごの手紙』所収、田辺保・杉山毅訳、勁草書房、一九六九年、二一四頁）

（4）«À propos de la question coloniale. . .», *art. cit.*, p. 436.

（5）Simone Pétrement, *La Vie de Simone Weil*, Paris, Fayard, 1973, t.1, 1934-1943, p. 394.（シモーヌ・ペトルマン『詳伝シモーヌ・ヴェイユⅡ　一九三四—一九四三』杉山毅訳、勁草書房、一九七八年）

（6）Alyette Degrâces, Avant-Propos aux *OC* VI, *Cahiers*, Tome 1: «L'Inde ou le passage obligé», p. 49.

（7）Imamura Junko, «Essai sur la réception de la pensée de Simone Weil au Japon», http://koara.lib.keio.ac.jp/xoonips/modules/xoonips/detail.php?koara_id. . .

# 目次

# シモーヌ・ヴェイユ

――天上の根を求めて――

# プロローグ　パリ、一九〇九年二月三日〜
# アッシュフォード、一九四三年八月二四日

「一つの偉大な知性はしばしば逆説的で、時として少し常軌を逸していることはよく知られている」（『ロンドン論集』）。

赤い聖処女、恐るべき怪物、ラザール、火星人、ダーティー、これらは、彼女の同時代者たちが彼女に付けた、情け容赦のない形容語であった。ひとは彼女の中に天才を、一人の女エゼキエルあるいは一人の女イザヤを、何かに取り憑かれた女、聖女、狂人を見出し、そして最も寛大な人たちは一人の神秘主義者を見ようとした。ある者たちは彼女の醜さに魅惑されたと告白し、反対に他の者たちは、時には同じ者たちでもあったのだが、彼女に美の恩寵を認めている。「崇拝の対象」となった、例外的女性、彼女の断定的な意見、極端さ、真理への熱烈な欲望、痛烈な皮肉、時にはあざけりの言葉、しかしながらその持って生まれた威厳の美しさ、それらは調子を狂わせ、怒らせ、憤慨させはするが、同じくらいに魅了もする。ある人たちにとっては、彼女は光であり、手掛かりであった。中身が一杯詰まっている

だけではなく、よく出来た頭は、途方もない知的欲求に恵まれていたので、どんな領域——哲学、政治、歴史、科学、宗教、芸術、言語、社会問題——も彼女によって探求されないものは何一つない。飽くなき好奇心の証拠でもある、彼女の古代文明への言及の多様性は、われわれをとまどわせ、いつか彼女の作品に近づけるかもしれないというやる気を失わせてしまう。

今年生誕一〇〇周年を祝うこととなるこの哲学者が耐え忍んだ苦悩に、ひとは無関心のままではいられない。あまりにも「生まれの良い」シモーヌ・ヴェイユは、事実属していた「生来の」環境に、すなわち、教養のあるブルジョワ、ユダヤ教、教員集団に根を下ろしているとは感じられなかった。自分の時代が苦しんだ病い、彼女が命名したように、根こぎという病いを理解するためには、彼女自身が自分自身を根こぎにしなければならなかったし、偶然生まれが良くなかったために自分よりも恵まれなかった人々と合流し、彼らと屈辱を分かち合い、自分が「現実」であると信じていたものと関わり合わなければならなかった。彼女は、労働組合の闘士になることによって、「自分の階級から降りた」が、革命への希望は彼女にはすぐさま一つの「麻薬」であるように思われた。彼女は、労働者の過酷な条件という不幸を分かち合うことを望んだ。彼女は、自分の肉体的な力を超えた農業の世界を体験した。

ユダヤ的伝統の中にいかなる根ももたなかったが、地上にというよりも天上に根を下ろすために、彼女から見ればその時代の混乱に対する拠り所となる唯一の「現実」である「キリスト教の霊感」の中に根づくために、普遍的なものを激しく求めながら、教会の敷居の上に留まってずっと待ち続けた彼女の跡を追ってみよう。シモーヌ・ヴェイユは、集団的感情を、集団に由来する力を大変恐れていたが、そのことは、「われわれ」と言わせる、あらゆる環境への帰属に対する彼女の拒否を説明するのに、すなわち、「一人でいること、異邦人であること、そしてどんな人間の環境であれ例外なしにそこから離れていること」[1]を引き受けた彼女の意志を説明するのに、はたして十分なのだろうか。脱創造（*décréation*）あるいは空虚（*kenosis*）といったヴェイユの学説は、個人的な次元において、自分の同胞たちと苦しみと窮乏とを分かち合うために、飢えでみすみす死ぬことと同様に、次のような逆説を確認することになるように思われる。世界の創造がありうるように、〈その全能性〉を放棄した神に倣って、今度はわれわれが自分たちの「我れ」を破壊することによって、「非存在」に、時間と空間において一点しか占めないことに同意すること——このことは「脱我（détachement）」と言われるが——によって、〈神の創造〉を完成させなければならないという逆説である。「自らを根こぎにしなければならない。木を切って、それで十字架を作ること、そしてそれを毎日身に付けること」[2]。

　われわれが探求しようとするものは、シモーヌ・ヴェイユにおいて、根をもつことへの欲求と根こぎとの、執着（attachement）——シオランは「生まれるとは自分から離れないことである」と書いているが——と脱我との奇妙なバランスである。

　彼女はあの「暗い時代」に、マルセイユに避難し、米国に亡命し、続いてロンドンで国内のレジスタンス運動に合流した。われわれは彼女とともにこの根こぎの試練を横切りながら、一九四〇年から一九四三年までの、短くもかくも激しい生き方をした生涯最後の三年間に沿って、彼女の跡を辿ってみよう。われわれは、自由フランスの業務の最中にロンドンで一九四三年に書かれた『根をもつこと』の未完の精神的遺言を導きの糸とするだろう。その『根をもつこと』において、彼女はよりよい文明のために取られるべき救済策を考案した。そして、『エスポワール』双書を彼女とともに創始したアルベール・カミュは、そこに、「第二次世界大戦以降に出版された〔……〕最も重要な書物(3)」のうちの一つを見た。

われわれは、地上に自分の場所を見つけられなかった彼女の「愛の狂気」の跡を辿ることになるだろう。彼女がみすみす飢え死にしたサナトリウムから、その死のたった三週間前、一九四三年八月四日に両親に宛てた、最後から二番目の手紙の中で、彼女は彼らに次のように書いた。「シェークスピアにおいては、道化たちは真実を言う唯一の登場人物です。〔……〕他の者たちは皆嘘つきです〔……〕。悲劇の極致とは、道化たちが大学教授でも司教でもないため、また誰も自分たちの言葉の意味に何らかの注意を払わなければならないと予め知らされていなかったので〔……〕、彼らの真理の表現は聞いてもらえないのです。〔彼らのそれは、〕純粋な、混じりけなしの、明晰で、深遠で、本質的な真理なのです。これはベラスケスの道化たちの秘密なのでしょうか。〔……〕最愛のママ、貴女はこれらの道化たちと私との間に、グランゼコール〔高等師範学校を含むエリート校〕やアグレガシオン〔中・高等教育教授資格試験〕や、私の〝知性〟への賞賛にもかかわらず、親近性、本質的類似性を感じますか。私の知性への賞賛には、次のような問いを避けるという狙いあります。その問いとは、『彼女は真実を語っているか否か』というものです。私の〝知性〟の評判は、これらの道化の中の道化というレッテルと現実的に同じものです。私がどれほど彼らのレッテルの方がいいと思っていることか！(4)」。

**注**

(1) Simone Weil, *Attente de Dieu* (*AD*), préface de J.-M. Perrin, Paris, Fayard, coll. «Livre de vie», 1966, p. 26.（「神を待ちのぞむ」『シモーヌ・ヴェイユ著作集Ⅳ』所収、渡辺秀訳、春秋社、一九六七年、二一頁）

(2) S. Weil, *Œuvres complètes*, t.VI, vol. 2, *Cahiers* (septembre 1941-février 1942) [*OC*, VI, 2], Paris, Gallimard, 1997, textes établis et présentés par Alyette Degrâces, Marie-Annette Fourneyron, Florence de Lussy et Michel Narcy, *K7* [*ms.* 11], p. 421.（『カイエ２』田辺保・川口光治訳、みすず書房、一九九三年、三一七頁）

(3) A. Camus, «Simone Weil», *Bulletin de la NRF*, juin 1949, repris dans S. Weil, *Œuvres*, sous la direction de Florence de Lussy, Paris, Gallimard, coll. «Quarto», 1999, p. 1264.

(4) S. Weil, *Écrits de Londres et dernières lettres* (*EL*), Lettre à ses parents (4 août 1943), Paris, Gallimard, coll. «Espoir», 1957, p. 255 et 256.（「父母への手紙」『ロンドン論集とさいごの手紙』所収、田辺保・杉山毅訳、勁草書房、一九六九年、三三二―三三三頁）

# 第一章　避難から亡命へ

「多くの人々は、一つの街がなくなってしまうことと、もはや決して帰ることのできない遠く離れた地へと亡命することとの間には、決定的な違いがあるということを心から感じていない」（*K7* [*ms.* 109], *OC*, VI, 2. [p. 491（『カイエ2』四三一頁）]）。

私の名はシモーヌ・ヴェイユ・アドルフィーヌであり、一九〇九年二月三日パリ（一〇区）でベルナールとラインヘルツ・ザロメ（セルマ）の間に生まれました。また、独身で、哲学のアグレガシオン〔中・高等教育教授資格試験〕を持つ教員であり、カタラン通りの八番地に住んでいます。

私はサン・カンタン（エーヌ県）女子高校の哲学教員でした。一九三八年に健康上の理由でこのポストを去らなければなりませんでした。一九四〇年六月一三日以降、パリを離れて、マルセイユに避難してきました。マルセイユに来てからは、どのような仕事もしていません……。

シモーヌ・ヴェイユは、一九四一年三月五日、マルセイユ警察署でのビュルガス地下組織網（réseau Burgass）に対する訴訟手続きの一環として、尋問の際に自分のことを次のように紹介した(1)。教養あるブルジョワ家庭の出身──彼女の父は軍医であり、そして兄のアンドレ・ヴェイユは大数学者で名高いフィールズ賞の受賞者──で、アンリ四世高校において、アランのカーニュ〔高等師範学校の文科受験準備クラス〕での三年間の素晴らしい勉強の後、一九二八年一〇月に高等師範学校に入学を許可された。一九三一年に哲学のアグレガシオンに合格し、教職を志す。ルピュイ、オセール、ロアンヌ、ブールジュ、そして一九三七年一〇月にはサン・カンタンへと順次任命された。しかし、サン・カンタンには三カ月しかいなかった。実際、一九三八年一月中旬以降、病気を理由として文部省に休暇を願い出た。一九三〇年来苦しめられていた激しい頭痛のために、休息を取ることもままならなかったからである。

戦争が起こった。一九三九年三月一五日、ヒトラーはプラハに入り、チェコスロバキアを併合した。九月一日、ドイツ軍はポーランドに侵入した。九月三日、フランスと英国は、ドイツに宣戦布告した。一九三八年五月にシモーヌ・ヴェイユは、ある論文の中で次のように書いていた。「チェコスロバキアに話を戻すと、取るべき明瞭な方針となると二つしかない。チェコスロバキアの元の状態を維持するためには、フランスと英国とが戦争に対して断固たる意思を表明するか、あるいは彼らがドイツの主たる狙いにかなうようにチェコスロバキアを変えることを公式に容認するかのどちらかである。私から見ると後者［の方針］が非常に好ましいというのは明らかである」。しかしながら、それにもかかわらず、シモーヌ・ヴェイユは師アランから受け継いだ平和主義、(2)また一九三七年の四月に「トロイ戦争を繰り返すまい(3)」という人目を引くタイトルを持つ論文において表明していたような平和主義を少しずつ諦めていく。彼女はこの論文で、パリスを除いて誰も執着していなかった王妃ヘレネーをめぐってギリシア人とトロイ人が一〇年間繰り拡げた戦争と同じように明確な目的を持たない対立に激しく抗議した。「トロイ戦争の中心には、少なくとも一人の女性がいた。また、それに加えて、彼女は完璧に美しい女性であった。われわれ現代人にとって、ヘレネー役を演じるのは大文字で飾られた語である」が、そういった語はたとえば「ネーション」という語のように、どんな意味も持たない語、あるいはまたファシズムとコミュニズムの間の対立と同じぐらい馬鹿げた語である。「たとえ、ギリシアの一人の詩人とともに、ヘレネーのまぼろしがトロイにだけ現れたことを認めるにしても、ヘレネーのまぼろしの方がファシズムとコミュニズムの間の対立に比べるとまだ実体のある現実なのである(4)」。「ある決算のための考察」（一九三九年春—夏）という彼女の論文の草稿はシモーヌ・ヴェイユの態度の急変を物語るものであるが、その中で彼女は現在の悲劇的な状況を、ローマの世界支配、カルタゴの全滅、ギリシアの終焉の時代になぞらえている。「支配する術、すなわちローマ人たちがすぐれた才能を発揮した唯一のもの——〝ローマ人よ、汝は諸民族（les peuples）を支配するように努めよ〟——は、幸いにもその後失われてしまったのだが、現代のドイツ人によって再発見されたのである」[5]。ヒトラーが、チェコスロバキアの独立を保証する、ミュンヘンでの約束を破ったにもかかわらず、——しかもフランスは一九二五年のロカルノ条約によって批准された、一九二四年の協定によってチェコスロバキアの安全を保証していたのだが——たとえシモーヌ・ヴェイユが彼を「野蛮人、狂人、怪物」とみなすことを拒否するとしても、彼女は最後には、「ドイツによって世界支配がなされれば大惨事であろう」[6]という意見に賛同することになる。一九三九年一一月に、ドイツの強制収容所に関する英国の白書を読み、新聞でボヘミア＝モラビアでの暴力的制圧について知った後、彼女はこの奇妙な戦争の最初の何カ月かの間に、SS〔ヒトラーの親衛隊〕の殲滅を目指して自分が当然その一員であるようなパラシュート部隊や義勇兵の計画を想像するに到る。彼女はこの計画をさまざまな重要人物たち、とりわけ航空省の情報部長のアンリ・ブーシェと英国の宣伝活動の最高責任者ノーブル・ホールとに送ったが、彼らはそれをまじめに受け取らなかった。レイシズムとナショナリズム、強制収容所と古代ローマの剣闘士の闘いとを同一視することで、彼女はヒトラーの体制の持つ未だかつてない性格も種差性も見ようとしない[7]。古代ローマの事柄とは別に、彼女は、ヨーロッパがここ四世紀の間に被ることになった世界支配の三つの重大な脅威を識別してゆく。それらの脅威は、カール五世やフェリペ二世の時代のスペイン、ルイ一四世時代のフランス、総裁政府（第五政官）とナポレオン時代のフランスに由来するものである。これらはいずれもヒトラー主義にも当てはまる三つの「起源」である。その上、リシュリューによって考案された「権威の唯一無二の源泉かつ献身のたった一つの対象」である中央集権化した国家という理念を広めることによって、ナポレオンは、リシュリューの言うことを信じるならば、「ヒトラーに劣らず、まさしくそれ以上の恐怖や憎悪を世界に植えつけた[8]」。

同じくこの時期にシモーヌ・ヴェイユは、彼女が引用する次のような文章を自分自身で翻訳し、「『イリアス』あるいは力の詩篇」を書き上げる。すなわち、「ヨーロッパが所有する唯一の真の叙事詩」である『イリアス』、この力の詩篇は、あらゆる人間の力への従属と、「魂の内部や人間関係の中で、力の支配を免れ、ずっと停止されたままの破壊を危ぶんで、愛されてはいるが痛ましい愛の中にあるあらゆるもの」のはかなさとを舞台にもたらす[9]。

シモーヌ・ヴェイユは一九四〇年の六月一三日まで「そこで戦おうという信念で」パリに留まり、壁に貼られたパリの「無防備都市[10]」宣言のビラを見た後に、初めて両親とともに避難することを決心する。彼らの出発の翌日に、ドイツ人たちは首都〔パリ〕に入る。「パリが首都になって以来、決して、外国の一つの首都の支配下に置かれたことはなかった〔……〕。それはローマ帝国の陥落以来初めてのことである[11]」、と彼女は憤慨する。ヌヴェールで休息を取った後、ヴェイユ家の人々は非占領地帯に入ることを決心する。六月一八日、ド・ゴール将軍は抵抗のための檄文をロンドンから発した。六月二二日、ルトンドで休戦の調印が行われた。七月の初め、ヴェイユ家の人々はヴィシーにいた。休戦のニュースに、かつての自分の平和主義――「一九三九年以前の私の犯罪的な誤り[12]」――を苦い思いで自戒したシモーヌ・ヴェイユは、フランス国内の戦いに参加するために英国に入ろうと試みた。英国にはフランスから直接入ることができなかったので、別の国を通る必要があった。八月一九日、シモーヌ・ヴェイユは、そのために、文部省に復職し、「外国であれ、植民地であれ、一つのポストに」任命してもらえるように頼もうと思った。国民議会はペタン〔元帥〕への全権委任を議決した。ヴェイユ家の人々はトゥールーズで二週間過ごし、シモーヌはかつての教え子の申し出、スーテルノンの自分の家族の邸宅に避難するという勧めを断った。「この地方に人種差別の爆発が起こった時、私が家族と一緒にあなたの家にいた場合を想像してみてください。あなたには、私たちを追い払ったり、あるいは立ち退かせたりするだけでも耐えがたいでしょうし、私たちにとってもここに留まることは道徳的にもできることではありません」(13)。実際、ユダヤ人身分法と、とりわけユダヤ人たちに教育を禁じる一九四〇年一〇月三日のヴィシーの政令を知るのは、シモーヌ・ヴェイユとその両親――不可知論者のユダヤ人――がマルセイユに避難していた時である。マルセイユに彼女は九月一五日に到着しており、このことは彼女がコンスタンティーヌへの任命通知を受け取っていなかったということを示している。彼女の教師としての短いキャリアは、病気欠勤のためだけではなく、「個人研究」――実際、それは一九三四年一二月から一九三五年八月までの工場労働者としての生活の経験だった――のために何度も中断されているが、このように未完成のまま終わることになる。彼女は公教育の閣外相のジョルジュ・リペールに傲岸不遜な抗議の手紙を書き――この手紙についてわれわれはいずれまた触れるが――、自分の場合のように、あらゆる宗教とは無関係に育てられた時には、「ユダヤ人」という語を定義するのが難しいということを強調する。

マルセイユに「避難」していたとはいえ、シモーヌ・ヴェイユは追放されたというわけではなかったし、親しい知識人のサークルから切り離されていたわけでもなかった。こうして彼女は、文芸誌『カイエ・デュ・シュッド（*Les Cahiers du Sud*）』の編集長であるジャン・バラールに出会った。この雑誌に彼女は、一九四〇年一二月と一九四一年一月にエミール・ノヴィスのペンネームで、一九三八―一九三九年に完成したテクスト「『イリアス』あるいは力の詩篇」を発表した。当初このテクストは『新フランス評論（*La NRF*）』に掲載される予定であったが、ポーランが発表をしぶったためである。『カイエ・デュ・シュッド』は一九四三年二月に、一九四二年にシモーヌ・ヴェイユが書いた論文「オク語文明の霊感は何にあるか？」(14)を同じエミール・ノヴィスのペンネームで掲載することになる。彼女はカーニュ以来の知り合いで『バガヴァッド・ギータ』を貸してくれたルネ・ドーマルと再会し、サンスクリットの勉強を始め、『ウパニシャッド』を読んだ。彼女がランザ・デル・ヴァストと知り合いになったのも、彼の仲介によってだった。彼女はまたマルセイユの「哲学研究会（Société d'Études philosophiques）」と接触し、その学会の講演会や、協会の責任者ガストン・ベルジェ――「コンバ（Combat）」というネットワークのメンバー――のエクス＝アン＝プロヴァンスでの学位論文の公開口頭審査に立ち会った。シモーヌより四歳年下でありながら、ヴィクトール・デュリュイ高校の同級生であったエレーヌ・オノラは、マルセイユの女子高校の教師になり、熱心なカトリック信者であった。エレーヌはシモーヌ・ヴェイユを、マルセイユのカトリック界、とりわけ、一人のドミニコ会士、ペラン神父に紹介した。[15] ペラン神父の修道院には多くの避難民が足しげく通い、ユダヤ教徒たちの中には改宗を目的にそこで教えを受けていた人々もいた。彼は、シモーヌ・ヴェイユの相談相手の一人となり、友人になった。

一九四一年五月一三日に行われたシモーヌ・ヴェイユの尋問の調書の解読に立ち戻ってみよう。この五月一三日とは、一六時にヴェイユ家で家宅捜索が行われた日でもある。「私はロベールとかいう名の人をまったく知らなかったし、その人について話に聞いたこともありません。私はマルセイユに到着して以来、英国への補充兵の徴募をしている組織と連絡を取ろうとしてきましたが、一度もうまく行きませんでした。三カ月ほど前に、オペラ地区界隈のレストランで、私と同じ感情に動かされた男性で〝カルーゾ〟という名の人と知り合いになりました。私は何度も彼に会いました。そして、一カ月ほど前に、カヌビエールのカフェで会う約束をしました。私が英国への兵役志願の書類と、[16] その返答用の名刺を彼に渡したのはこの最後の面会での時でした[17]〔……〕」。

われわれが見てきたように、コンスタンティーヌ高校への任命状を受け取ることのなかったシモーヌ・ヴェイユは、彼女が敵に対する闘いを続けることを望んだ英国に合流する前に、まず北アフリカ行きの——ポルトガル、さらにはシャム〔タイ王国の旧称〕経由での——通行ビザを手に入れるために、実際に自分にできるさまざまなことをし続けた。このような行動の一環として、彼女はロベール・ビュルガスなる人物によって作られた地下組織網との関わり――おそらくは、『カイエ・デュ・シュッド』誌の中心人物で、彼女と友情によって結ばれた、詩人ジャン・トルテルの仲介によって――を持つようになった。このロベール・ビュルガスなる人物、すなわち別名ロベール・ジャンは、二〇〇人の人々を北アフリカ経由で英国に渡らせることになる。[18] だがこの秘密のルートは一九四一年三月に嗅ぎつけられ、シモーヌ・ヴェイユも尋問を受けはしたが、被疑者として取り調べられたわけではなかった。彼女が予審判事の前に出頭したのは、一九四一年一一月一五日になってからであった。ビュルガスの書類の中には、彼女が書いた「英国での許可願い」があった。この許可願いにおいて彼女が拠り所としたのは、「私のものでもある一つの大義のために戦っている人々の危険と苦しみとを分かち合いたい」という自分自身の動機であった。また、それだけではなく、彼女は、次のような英国での「身元保証書」も拠り所とした。「英国大使館の、元フランス英語宣伝部長で、ウィンストン・チャーチル氏の個人的な友人ノーブル・ホール氏、そしてフランスの社会では、英国のラジオ放送にしばしば出演するモーリス・シューマン氏。私にはまた、その方の家族のために名前を言うことはできませんが、フランス語の雑誌を主宰していると思われる友人が一人いますし〔……〕、私はまた今ニューヨーク（ニュースクール・フォー・ソーシャル・リサーチ）にいるルージエ教授の友人でもあります」[19]。シモーヌ・ヴェイユがほのめかしている友人はおそらくレイモン・アロンのことであるが、彼はただちにド・ゴール将軍に与し、一九四〇年一一月に創刊された月刊誌『自由フランス（*La France libre*）』においていくつかの論文を書いた。しかも、彼の妻シュザンヌ・ゴーションは、ヴィクトール・デュリュイ高校でシモーヌ・ヴェイユの同級生であった。二番目の文書〔身元保証書〕で、シモーヌ・ヴェイユは自分の発言を追認し、次のように調書に付け加えた。「私はいつも英国の知的文化に好感を持っていましたし、一〇歳の頃から英国の散文作家や詩人の研究に真の喜びを感じていました。この魅力は、私の人生の歩みとともにはっきりとし、一層強くなり、英国がドイツの世界支配という野望に対してきっぱりと態度表明をした時にもっとも強く現れました[20]」。ルイ・ルージエはと言えば、ニュースクールで教えるためにロックフェラー奨学金を受け取った後、一九四〇年一二月に到着していた。『セルスあるいは古代文明と原始キリスト教の抗争[21]』という著作が示すように彼が表明した反キリスト教主義にもかかわらず、シモーヌ・ヴェイユとルイ・ルージエとを結びつける共通点は、一九四〇年七月一二日から始まった、同盟国によるフランスの封鎖によってもたらされた飢餓という彼らの共通の強迫観念である。この封鎖は、ルージエが二月二六日に、『勝利のために（*Pour la victoire*）』誌において公表した「子どもの墓の上の平和」という論文で説明するように、重大な結果をもたらす人口統計上の大惨事を引き起こす恐れがあった。他方では、シモーヌ・ヴェイユ自身が、彼女の同胞たちがつらい思いをした欠乏と引き代えに、子どもの一日分の配給よりも少ない食糧しか取らないように自分に課したことは知られている。自分ではそうすることができないと思ったので、アンドレ・ヴェイユが妹の死の知らせを両親に告げることを任せたのは、ルイ・ルージエである[22]。

　シモーヌ・ヴェイユはまた、この許可願いの申請書において、彼女が一九四一年一月から五月の間にその考えを抱いた、前線看護婦部隊編成計画をほのめかしているが、この計画はフランスの上院軍事委員会から陸軍省への好意的な報告の対象となった。彼女は、マルセイユにある第一五陸軍師団の軍事裁判所の予審判事のところに、一九四一年一一月一五日朝一〇時に出頭した。この予審判事は、「戦術上のアイデア」が重要であると述べた後、彼女に軍事大学校を出たのかと問うと、シモーヌ・ヴェイユは「戦争に従事する多くの人々と同様に出ていません[23]」と答えた。その上彼女はこの取り調べで、一方で、「自分の神経の図太さ」を証明するために、ドゥルティが指揮するスペインの義勇兵部隊での自分の経験に言及している。この経験とは、彼女が一九三六年八月にエブロ川のほとりで部隊に合流しながらも、ある不運な事故により急に中断された時のことである。というのも、大変な近眼のシモーヌ・ヴェイユは、実際、油の入った鍋につまずいて火傷をしたため、後方の部隊に合流しなければならなかったからである。また他方で彼女は、ドイツの強制収容所の上に、義勇兵と大量の武器をパラシュートで降下させるという、失敗に終わった以前の計画をほのめかしている。友人たちには大きな驚きであったが、シモーヌ・ヴェイユは逮捕されなかった。家族に対して米国で彼との合流を急かす兄のアンドレに対して、彼女は「ドリス」――〔ドリスとは〕英国を表す暗号名である――について交わす「オスカルとの会話」――〔オスカルとは〕警察を表す暗号名である――という珍妙なやり方で次のように説明している。

「私の精神状態は相変わらず同じです。私が米国に行きたいと思うのは、そこで私の計画が実現できる場合だけです。そうでなければ、私はここにずっといる方がいいのです。もし私が向こうに行って、自分のやりたいことができないならば、私は絶望に陥るでしょう……」。[24]

米国行きのビザの取得が不確かな中で、シモーヌ・ヴェイユは、彼女自身に関わる「オスカル」〔警察〕の最近の捜査にまったく動揺を見せることもなく、――モーリス・シューマンへの手紙の中では、「フランスの警官たちの目をじっと見つめ、彼らの質問に『いいえ』、あるいはまた『以前の申告に何も付け加えることはありません』としか答えずに午前を過ごすことで」、警官たちの「気分を少し害し」[25]たことさえ自慢している――、レジスタンス運動に参加した。彼女は、一九四一年一一月にリヨンでイエズス会士のピエール・シャイエによって創刊された、『カイエ・デュ・テモワナージュ・クレティアン（*Cahiers du Témoignage chrétien*）』誌を、一九四一年一二月二一日にペラン神父の仲介で出会った若い歴史の教師のマリー＝ルイーズ・ブルム、通称マルーと一緒に配布した。マルーが、南東部の六つの県においてたった一人で責任を引き受けると思うと少し不安だったからである。わずか六カ月後に生じる出発の前に、彼女には最初の三号分を、すなわち、「フランスよ、汝の魂を失うことなかれ」、「我らの闘争」、そして「人種差別主義者たちの自画像」を配布する時間があった。この若い女性〔マルー〕は、毎日一緒にいた一〇歳年上の女性に対して抱いた、称賛と魅了する力とを次のように述べている。「シモーヌは困っている〈何人かの〉ユダヤ人たちを助けたり、〈何冊かの〉カイエを配ったりしただけではなく、マルセイユにおける組織や『カイエ・デュ・テモワナージュ・クレティアン』の配布の基盤そのものであり〔……〕彼女がいなければ、私はこの仕事をうまくやり遂げることができなかったから、これほど責任の重い仕事を引き受けることはなかったでしょう〔……〕。ひとが〈闘士たち〉をそれと見分けたのは、〔彼らの〕何事にもとらわれない自由闊達さによってなのです。シモーヌは間違いなくこれらの〈闘士たち〉の一人でした」。このような仕事ぶりがしばしば明るみに出ないことを不思議に思うかもしれない人に対して、マルーは、人から人へのつながりの中で彼らが取る各々の立場が彼らに秘密を守るという義務を課したからだと反論する。すなわち、「シモーヌは一人のユダヤ人に偽の身分証を与えた。しかし、この行為が実際に彼女の組織全体への同意によって可能になったと考えさせうるようなものは何もなかった[26]」。

シモーヌ・ヴェイユはこれまでもいつも両親に付き添われていたが、今度も亡命の道を取った。まだ幼いフランソワーズ・バラールに自分の翻訳した『アンチゴネー』の一冊を献呈した時に、彼女は、「こんなにも多くの人々がそこで自分たちが亡命者であると思っているにもかかわらず、マルセイユでは自分の家にいるよう[27]」に感じたとはっきりと言った。彼女は、改めて、一九四二年五月一四日木曜日のキリスト昇天祭の日に、兄が既に家族とともに住んでいたニューヨーク行きの客船マレシャル・リョーテー号にしぶしぶ乗り込んだ。もっと早く出発するつもりだったが、ひと月前に、彼女は、助言を求めた手紙の中で、ペラン神父に自分の迷いを知らせていた。「私は出発したいとはまったく思っていません、私は不安とともに出発するでしょう［……］。何かが私に出発するように言っているように思われます。［……］その日が近づいて来ているとはいえ、もう後戻りできないという仕方で決心するというところまではまだ至っておりません。ですから、もし私に助言を与えてくださるようなことがあれば、今がその時でしょう」（AD. p. 32-33［著④二四頁］）。ペラン神父とギュスターヴ・ティボンとのそれほど長いとは言えない友情にもかかわらず、彼女がマルセイユに滞在している間に書いた一〇冊の『カイエ』を委ねたのは、結局彼らにであった。「シモーヌ・ヴェイユは［……］彼女の著作の大部分を、単に預かり物としてだけではなく、それを、われわれの個人的な仕事の中に組み込むことによって［……］、われわれに好きなように使ってもらいたい財産として、敢えてわれわれに委ねたのです[28]」。したがって、この二人はいずれも彼女の「精神的な受遺者」とみなされる。その上、シモーヌ・ヴェイユは、航海中の寄港の際に送った手紙の中で、ギュスターヴ・ティボンに次のようにはっきりと述べた。「もし、三、四年のあいだ、私の話しを聞くことがなかったならば、あなたがたは、私が委ねたものについての完全な所有権を持っているとお考えください[29]」。ギュスターヴ・ティボンは『重力と恩寵[30]』というタイトルで、テーマ別に再編成した選集を遺稿として出し、一方ペラン神父は、『神を待ちのぞむ』というタイトルで、シモーヌ・ヴェイユが彼に送った手紙や、彼に委ねられたいくつかの他のテクストを出版し、その後『前キリスト教的直観[31]』と題された本を出版した。

予想できたことだが、シモーヌ・ヴェイユは、危機に瀕する祖国（patrie）を見捨てたことで、良心の呵責にさいなまれていた。――「私は船に乗り込みながら、自分が脱走したというように感じた[32]」。最初の寄港地オランから、彼女はギュスターヴ・ティボンに一通の手紙を送る。「海の旅の尋常ならざる美しさによって、私は何とか苦しみを感じないでも済みます[33]」。逆に、彼女は、エレーヌ・オノラに対しては、「フランスを離れたと考えると、胸の張り裂ける思いです[34]」と書いている。マレシャル・リヨーテー号の乗客たちは、五月二〇日にカサブランカに到着する。彼らはアイン・セバの難民キャンプで一七日間過ごす。シモーヌ・ヴェイユは、『前キリスト教的直観』となるはずのピタゴラス派の人々のテクストの注釈を休むことなく書いた。

七月六日にニューヨークに到着したシモーヌ・ヴェイユは、休戦以来非占領地帯で暮らしてきた「パリの人々の印象」をまとめている。「この最近の何年かをフランスで暮らすことは、あたかも、そうとは気づかないうちに、日に日に衰えていくのが辛うじて分かるような病気の親の傍らで暮らすかのようであった〔……〕。数年前には、マルセイユはヨーロッパでもっとも賑やかな町の一つだった。今では人々は小声で話す〔……〕。こうした静寂は無気味である。それは生が後退しつつあることを意味している〔……〕。一九四〇年の六月以来、フランスという国家（nation）はショック状態にある[35]」。一九三七年の夏以降すぐに、ジャン・ポステルナークに宛てた手紙の中で、シモーヌ・ヴェイユは彼に嵐の前の静けさについての懸念を知らせた。彼は哲学を習得したいと思っていた若い医学生であったが、彼女は頭痛の治療を試みるために訪れたモンタナのラ・ムーブラ療養所でこの学生と出会った。「あなたの想定とは反対に、決してフランスはもはや平穏なんかではありませんでした。みんなが政治に無関心になっています、単なる疲れから。一年間、人々はあまりにも政治に関心を持ちすぎました。私はそれにいかなる不都合も感じませんが、神々が国際的な大きなドラマの上演を始めるために、そのことを利用しないことを望みます」[36]。『根をもつこと』において、フランスの「仮死状態」と「茫然自失の状態」とがドイツの「攻撃的性格」に対置されているが、彼女によれば、たとえこれらの二つの態度が等しく根こぎに属しているとしても、そうなのである。「フランスの突然の崩壊は、至る所ですべての人を驚かせ、どの程度まで国が根こぎになっているかということを示したにすぎない。根がほとんど全部腐っている木は、最初の一撃で倒壊する」[37]。シモーヌ・ヴェイユは、「[彼女が自分のもの]とみなしていた、一つの大義のために闘う人々の危険や苦しみを分かち合う」[38]ために英国に派遣されることを望み続けていた。彼女自身は、マルー・ブルムのところで「抵抗運動をし」ていた。彼女から見れば、ロンドンが自分をフランスの大使として派遣してもらう試みの一段階でしかない以上、なぜフランスに留まらなかったのだろうか。迫害から免れて両親に会いたいという彼女の望みは、前線看護婦部隊の編成計画がうまくいくのを見るという望みと同様に、確かに考慮すべきではあるが、しかしまた、その時まで彼女が「かなり平穏」だと判断していた「非占領」地帯で受けた危険の高まりを過小評価していたようにも思われる。一九四二年四月一六日に、彼女は、自分の出発について、ペラン神父宛てに次のように書いた（*AD*, p. 33［著④二四頁］）。「もしこの平穏さがまさに私の出発後になくなってしまうとすれば、それは私にとって恐ろしいことです。もしも私が事情がそうなるに違いないという確信を持ったとすれば、〔ここに〕留まるだろうと思います」。ところで、彼女が一九四二年七月一四日に、ロンドン及びレジスタンス運動との協調の下で起こったマルセイユでの大がかりなデモが警察によって鎮圧され、多くの負傷者が出て、二人の女性が死んだということを『ニューヨーク・タイムズ』紙で知った時、彼女は母親の前で怒りと悔しさを爆発させた。「私は今のままでは生き続けることはできません。もしこんなことが続くとすれば、南部に黒人たちと一緒に働きに行くでしょう。そして、そこで、私はこの人生に耐えきれなくなって間違いなく死ぬでしょう(39)」。いつも、「前哨」にあって、危険に身をさらすこと、それがシモーヌ・ヴェイユの変わらぬ願いであった。一九四二年九月一〇日のギュスターヴ・ティボン宛ての彼女の手紙が証言するように、この良心の呵責は鎮まることはない。「別離の苦しみは、誤ちを犯したという感情によって、耐え難いほどに激しく苦々しいものになりました。私には不幸の中にいる私の国や友人たちを捨てて脱走してしまったように思われます(40)」。一九四二年一一月の南部地帯の占領は、しかるべき時にしかるべき場所に決定的に不在であるという感情を一層強めることになった(41)。

その頃シモーヌ・ヴェイユはいろいろな手立てを講じては、さまざまな人物、とりわけ、ジャック・マリタン、海軍提督のリー、ジャック・スステル、そしてアンリ四世校のアランのクラスで元同級生だったモーリス・シューマンといったような人々に、次から次へと手紙を書いた。このモーリス・シューマンについて、彼女は、「〔彼〕がロンドンで重要な役目を負っていることを、フランスで知って嬉しく思った」。その言葉通り、一九三九年に志願兵になったモーリス・シューマンが、英国の遠征部隊の通訳の肩書で連絡員として軍務についたことを思い起こそう。彼は一九四〇年の七月にド・ゴール将軍と合流し、自由フランスのスポークスマンになった。彼女は、「非占領地帯で最も重要な非合法刊行物の一つ、『カイエ・デュ・テモワナージュ・クレティアン』の」配布に対する自分の責任を考慮して、手紙の終わりに、自分を支えてくれるように彼にお願いした。「私は私がお役に立てると本当に思っています。そして、私は、今のあまりにも苦しい精神的状況から抜け出すために、同志としてあなたの助けを求めます」(42)。同じ文通相手への、日付の書かれていない別の手紙において、彼女は、次のように語った。私は、「『カイエ・デュ・テモワナージュ・クレティアン』の人々が［彼の］友人であると知ることができて、どれほど嬉しいか。私は、強くて深い友情によってこれらの人々と結ばれていました。私が思うに、それこそ今のフランスで一番良いものです。どうかこの人たちにいかなる不幸も訪れませんように」(43)。マルセイユで一九四一年一月から五月の間に書かれた〈英国での許可願い〉の中で彼女が説明しているように、役に立つということは、確かに例えば「夜間の監視兵あるいは時限爆弾にたずさわるチーム」(44)の一員となることかもしれない。しかし、英国がもしヒトラーによって侵略されると仮定すれば、その時には、役に立つということは、彼女のあのよく知られた前線看護婦部隊の編成計画を実施するということになる。シモーヌ・ヴェイユはニューヨークにいる時に、この計画を英語に訳して、ローズヴェルト大統領に送った。これに対して、ローズヴェルトは、シューマンに頼んで、「最近の血漿の発見〔このことについてシモーヌ・ヴェイユは手紙の中でほのめかしていた〕によって、最前線で行われる手当ての効果は既に改善された[45]」と返答させた。ド・ゴール将軍はと言うと、「狂気の沙汰だ」と声を張り上げた（注（45）p. 53-54〔五五頁〕）。〔ヴェイユの計画によれば〕最初に一〇人ほどの志願女性からなる非常に限られた中核部隊を選抜することが重要であった。彼女たちは武器を持たず、看護婦の最小限の知識しか持たないが、どんな試練にも立ち向かう勇気を持ち、自分たちの生命を犠牲にする覚悟を有していなければならない。シモーヌ・ヴェイユは、彼女たちが「冷静で断固たる決意」を持ち、妻でも母でもあってはならないと明言し、その論拠として古代ゲルマン人の実践を引き合いに出した。戦場で負傷者たちに応急手当てを施すこれらの女性たちは、単に、多くの生命を救うということを可能にするだけではない。その上、遠く離れた家庭を体現することによって彼女たちの象徴的存在は、担架の到着を待つ兵士たちにとっても、また彼女たちが死に瀕した人々の最後の思いを伝える家族の者にとっても、貴重な精神的慰めともなるはずのものである。ところで、シモーヌ・ヴェイユは、「精神的なもの（le moral）」は薬そのものよりも病気に対してより重要なものであるが、それと同様に、「精神の力（force spirituelle）は、戦争の時の武器以上に一層重要である」と評価している。この「女性部隊」の編成は、同じくまた「一つの信仰、一つの宗教的精神」に類似した発想から生まれたヒトラーの親衛隊の妨げとなるはずである。「〔……〕ヒトラーは、一つの偉大な理想への人民の信仰と無際限の崇拝の結果として、人民に常に勝利を約束した[46]」。というのも、今度はわれわれが、できればより強く、大衆の想像力を引きつけることによって、ヒトラーと彼自身の得意とする領域で競うことが重要だからである。「一方ではこの看護婦の部隊が、他方ではＳＳが、両者の対立を通して、何であれどんなスローガンよりももっと好ましい絵を描くかもしれない。それは、人類が今日選ばなければならない二つの方向に関する、およそありうる最も輝かしい表象であるかもしれない」[47]。言うまでもなく、シモーヌ・ヴェイユ自身これらの志願者の一人だったはずであり、そのために彼女はニューヨークに到着すると応急手当――ファーストエイド（first aid）――の講習を受けた。モーリス・シューマンへの手紙の中で、彼女は、「いかなるレベルのリスクでも（十分に重要な目的のためであれば、間違いなく命を落とすということも含めて）」受け入れる覚悟があるという意志を表明し、「サボタージュ」というはっきりしない仕事に言及し、ロンドンに行かせてくれるようにと彼に懇願した。

待ち時間をまぎらわせるために、シモーヌ・ヴェイユは図書館で、民間伝承、おとぎ話について勉強したが、カタリ派、マニ教、道教、そして鈴木〔大拙〕の諸著作を介して禅仏教も学んだ。彼女がライン地方の神秘主義者で、マイスター・エックハルトの弟子のハインリッヒ・スーソを読み、黙示録書に注釈を付けたのもこの時期である[48]。彼女はハーレムのバプティスト派の教会に通ったが、そこで彼女はただ一人の白人だった。「二時間半のお勤め（ミサ）の後に、ひとたび雰囲気が高まると、牧師と信者の宗教的熱狂がチャールストン・スタイルのダンスや叫びや黒人霊歌で爆発します。一見の価値があります。それは実際心を打つ信仰告白です。私には真正の信仰であるように思われます」[49]。ベルシェ博士の話によれば、「もし彼女がアメリカに留まっていたとしたら、彼女はきっと黒人になっていただろう」[50]。姪のシルヴィーの洗礼を気にかけていたシモーヌ・ヴェイユは、ジャック・マリタンの勧めで、マリー＝アラン・クチュリエ師に『ある修道士への手紙』を書いた。九月中旬頃には、自由フランスの組織内の内務省と労働省の役員、アンドレ・フィリップのところにいるモーリス・シューマンの仲介のおかげで、事態は好転したように見えた。シモーヌ・ヴェイユはモーリス・シューマンにお礼を言うとともに、アンドレ・フィリップが彼女の来訪には賛成しているにもかかわらず、前線看護婦部隊編成計画を実行できると思っていないことを悔やんだ[51]。しかし、その後で、彼女は、自分が得意分野も特別な技術的資格も持っていないということをわきまえた上で、いわば英国行きのための条件を敢えて提示しさえした。「苦労や危険は私の精神構造上是非とも必要なものです〔……〕そうでなければ、ニューヨークで私を憔悴させたのと同じ苦しみがロンドンでも私を憔悴させ、私を麻痺させてしまうでしょう〔……〕」。それは性格だけの問題ではなく、使命の問題なのです」[52]。その時から、亡命、待機の時間は、次のような彼女の手紙が証明しているように、彼女が実際に働くことができなかった最初の二カ月よりも彼女には耐えられるように見えた。彼女は、ルイ・ベルシェに、「私は、思いがけない障害がなければ、それほど遠くない時期にニューヨークを去ろうと思っていたので、ここでは仕事を探しませんでした」[53]と書いた。しかし、他方で、オノラにはニューヨークの印象を次のような言葉で知らせた。「もしもフランスの現状がフランスの思い出を絶えず私に思い起こさせ苛立たせることがなかったならば、ニューヨークでの滞在は、とても楽しく、非常に面白いものになったことでしょう。大都市の中で、私はいつも自分の家にいるように感じます。高い所から見ると、摩天楼は素晴らしく、その混沌とした美しさは断崖や切り立った岩の美しさに似ています」[54]。彼女は書く意欲を取り戻し、民間伝承に熱中し、一〇月のひと月だけで、四冊の『カイエ』を文字で埋めた。

かくしてシモーヌ・ヴェイユは、一九四二年の一一月一〇日頃にニューヨークを離れることになり、スウェーデン船籍のヴァーラレン号に乗り込んだ。彼女は、一一月二六日にリヴァプールに到着し、ロンドン郊外にある愛国学校（Patriotic School）――かつて将校の子女のための寄宿学校だったものが、外国人用のトリアージ・センターに改造された――に移った。彼女は両親に、「電話、手紙、電報はすべて禁止。すべての人にとって事情は同じでした。通常、そこで、六日から一〇日間過ごします。私はまだチャンスが来ていません（相変わらずのアンチゴネーです！）。私はそこで一八日半過ごしました」[55]と手紙に書いた。彼女がそこから出るには、改めてモーリス・シューマンの仲介を必要とした。ニューヨークと同様に、ロンドンは、彼女から見ると、占領地帯に合流するための一つの中継点にすぎなかった。しかしながら、再三の要求にもかかわらず、彼女の期待とは反対に、シモーヌ・ヴェイユがフランスでの任務につくことは決してないだろう。友人シモーヌ・ヴェイユの没後二〇周年の機会に書かれた論文の中で、モーリス・シューマンは、高等師範学校で彼女と知り合いだったジャン・カヴァイエスが彼女と会うことを承諾し、会合が終わった時次のように言ったということを報告している。すなわち、

「あれほど奇抜で、あれほど目立つ人物に与えられる任務に伴う苦しみや危険が役に立つことは決してありえないだろう」[56]。他の論文の中で、モーリス・シューマンは、この二人の高等師範学校の同窓生の対話が、互いに聞く耳を持たない一方的なものになってしまったことを伝えている。「彼女〔ヴェイユ〕が彼〔カヴァイエス〕に自分をかき立てる衝動について話すと〔……〕彼は彼女に、彼女がいることが一つの困難、一つの障害であり、したがってその任務を望むのではなく、逆に彼が指定し説明する定められた仕事にだけ専心すべきであると答えた。そして、彼が彼女にその仕事を割り当て、詳しく話し始めるにつれて、私は一種の内的なかつ前触れとなる恐れを抱きながら、彼女が彼の言うことを聞かなくなり、もはやまったく彼の話を聞かなくなったのを目の当たりにした……」[57]。それゆえ、シモーヌ・ヴェイユは、仕方なく、最近、大蔵省の局長からA・フィリップの下の内務省の局長に異動した、フランシス＝ルイ・クロゾン、別名「ヴァンサン」の部局での編集者の仕事に甘んじなければならなかった。クロゾンが書いた、シモーヌ・ヴェイユとの最初の出会いについての言葉を聞いてみよう。「一見したところ、全部が同じ一つの色調になっていたので、シモーヌと彼女のみすぼらしい服とを区別するのが難しかった。彼女は色褪せた栗色の長いスカートをはき、いつも母親が彼女のために編んでくれたセーターを着ていたが、私には彼女が不格好な修道士の服を着ているように見えたし、体は華奢で背中が少し曲がっており、その様子は一見したところ疲れていて、すこし間延びして、内にこもり、稀に生き生きしているだけで、たいがい単調な彼女の声からも疲れていることが分かった。世界の悲惨を背負っている人々がおり、たとえ今なお外的な関わり方だとしても、シモーヌは、彼女は、この悲惨を自分のものとした(58)［……］」。

ただちに、クロゾンは、彼の部局が担当していた行政の仕事がシモーヌ・ヴェイユに合わないことに気づき、彼女が必要だと感じていることを自由に書かせることにした。「もっと後になって、彼女は、このことを、いく分悲しげな様子で、皮肉まじりに、〝自分を吐き出すこと〟と呼んだ［……］。彼女は、黄色の長い紙片をきちんとした筆跡で埋めていった。私はそれらを読み、われわれはそれらについて議論し、それらをフィリップに見せてからシモーヌに返した。彼女の死後、われわれはそれらのうち、少なくとも彼女が破棄しなかった分を彼女の家族に渡した」（注（58）p. 34）。

彼女には、ヒル・ストリート一九番地の自由フランス軍のビル内に、個人用の事務室が割り当てられ、そこに彼女は毎日出向いた。彼女は両親に、「私には純粋に知的で、まったく個人的な仕事が与えられ、その仕事を自分の好きなようにこなします(59)」と書いている。実際に、彼女は、フランスの主として非占領地帯で設立された、レジスタンス運動参加者の委員会から送られて来る政治的性格の文書を分析し注釈する仕事を担当していた。それは、戦後のフランス社会の政治的及び経済的再編について検討するためであった。

シモーヌ・ヴェイユのこの亡命期間――一九四〇―一九四三年――は、エクリチュールの面では信じられないほど豊穣であった。それはおそらく、彼女が一九四〇年七月に元教え子のユゲット・ボールに書いているように、七年前から彼女を苦しめていた堪え難い頭痛が、効果的な治療のおかげで和らいだかのように思われたからである。彼女はこのような逆説を次のように強調した。「こういうわけで、何もできなかった一〇年を隔てて、世界の出来事が、私の取り戻した仕事の能力をほとんど役に立たないものにしてしまうまさにその時に、私は部分的に救出されたのである」[60]。実際、「工場生活の経験」というエッセイ、三つの場面からなる未完の悲劇である『救われたヴェネツィア』、同じく、多くの詩、『カイエ』――その中には『超自然的認識』が含まれる――、また『ロンドン論集』や『神を待ちのぞむ』に収録されている多くのエッセイ、そして死によって完成されなかったが、今われわれが関心を寄せているテクスト、すなわち『根をもつこと』といった作品は、この時期のものである。彼女は、両親に次のような言葉で『根をもつこと』について知らせている。「私は第二の主著を書きました。というよりもむしろ、まだ完成ではないので、まさに今書いているところです[61]」。

**注**

（1）Procès verbal établi par le commissaire de police sous-chef de la Sûreté de la ville de Marseille, «agissant en vertu d'une délégation de M. X., juge d'instruction de la 15$^{e}$ division militaire à Marseille, en date du 5 mai 1941», relatif à la procédure instruite contre le réseau Burgass, dans S. Weil, *Œuvres complètes*, t. IV, vol.1, *Écrits de Marseille, Philosophie, Science, Religion, Questions politiques et sociales* (*1940-1942*) [*OC*, IV, 1], textes établis présentés et annotés par Robert Chenavier avec la collaboration de Monique Broc-Lapeyre,

Marie-Annette Fourneyron, Pierre Kaplan, Florence de Lussy et Jean Riaud, Paris, Gallimard, 2008, p. 446. Documents découverts et publiés par Robert Mencherini, *Cahiers Simone Weil*（*CSW*）, XVII-4, décembre 1994, p. 446-448. ビュルガス地下組織網（Reseau Burgass）に対する予審の手続きに関連して、「一九四一年五月五日付で、マルセイユにある第一五師団の予審判事、X氏の代理人として行動する」（マルセイユ市警察の副警察署長によって作成された調書）。

（2）«L'Europe en guerre pour la Tchécoslovaquie?», *Feuilles libres de la Quinzaine*, 4ᵉ année, n° 58, 25, mai 1938, dans S. Weil, *Œuvres complètes*, t. II, vol. 3, *Écrits historiques et politiques, Vers la guerre*（*1937-1940*）[*OC*, II, *EHP*, 3], textes établis, présentés et annotés par Simone Fraisse, Paris, Gallimard, 1989, p. 86; repris dans *Œuvres*, p. 495-503. Évoquant l'hypothèse d'une hégémonie de l'Allemagne en Europe centrale, auquel cas la France serait amenée à «adopter certaines exclusives, surtout contre les communistes, contre les Juifs», elle écrit: «cela est à mes yeux et probablement aux yeux de la plupart des Français à peu près indifférent en soi»（Lettre ou ébauche de lettre à Gaston Bergery, *EHP*, Paris, Gallimard, coll. «Espoir», 1960, p. 286, citée dans S. Pétrement, *La Vie de Simone Weil*, t. II [*SP* II], Paris, Fayard, 1973, p. 187-188）.

シモーヌ・ヴェイユは、中央ヨーロッパにおけるドイツの覇権の確立——そうなると、フランスは「ある種の人々、とりわけ共産主義者やユダヤ人たちを排除するように」なるだろう——という仮説に言及した後、「このことは、私から見れば、そしておそらくは大部分のフランス人から見れば、それ自体ほとんど興味のないことです」と書いた（ガストン・ベルジュリへの手紙または手紙の下書き）。（『詳伝シモーヌ・ヴェイユII 一九三四—一九四三』田辺保訳、勁草書房、一九七八年、一四九—一五〇頁）

（3）«Ne recommençons pas la guerre de Troie», *Nouveaux cahiers*, 1ᵉʳ et 15 avril 1937, *OC*, II, *EHP*, 3, p. 49-66; repris dans *Œuvres*, p. 469-489. En 1935, Jean Giraudoux avait fait jouer *La guerre de Troie n'aura pas lieu*.

一九三五年に、ジャン・ジロドゥは『トロイア戦争は起こらないだろう』を上演させた。（「トロイア戦争を繰り返すまい」『シモーヌ・ヴェーユ著作集Ⅰ』所収、松崎芳隆訳、春秋社、一九六八年、三七二―三九二頁）

（4）«Ne recommençons pas la guerre de Troie», p. 51 et 55.（「トロイア戦争を繰り返すまい」三七四、三七八頁）

（5）«Réflexions en vue d'un bilan», *OC*, II, *EHP*, 3, p. 108.（「ある決算のための考察」『シモーヌ・ヴェーユ著作集Ⅰ』所収、花輪莞爾訳、四九七頁）

（6）*Ibid.*, p. 101 et 106.（同書、四八六、四九五頁）

（7）«Quelques réflexions sur les origines de l'hitlérisme», *OC*, II, *EHP*, 3, p. 198 et 209; repris dans *Œuvres*, p. 365-386.（「ヒトラー主義の起源にかんする若干の考察」『シモーヌ・ヴェーユ著作集Ⅱ』所収、花輪莞爾訳、春秋社、一九六八年、五二―六八頁）

（8）*Ibid.*, p. 170-171.（同書、一七頁）

（9）«*L'Iliade* ou le poème de la force», *OC*, II, *EHP*, 3, p. 250; repris dans *Œuvres*, p. 527-562.（「『イーリアス』力の詩篇」『シモーヌ・ヴェーユ著作集Ⅱ』所収、橋本一明訳、一三〇頁）

（10）Lettre à Maurice Schumann, New York, Le 30 juillet 1942, *EL*, p.186.（「モーリス・シューマンへの手紙（ニューヨーク、一九四二年七月三〇日）」『ロンドン論集とさいごの手紙』所収、二一二頁）

（11）Deux textes inédits de New York, «These are the impressions of a Parisian. . .» II, CSW, XXII-1, mars 1999, texte établi par J. P. Little, trad. Georges Charot avec la collaboration de J. P. Littre, Patricia Fogarty et Françoise Durand-Echard, p. 37.

（12）*OC*, VI, 4, p. 374.（『カイエ4』冨原眞弓訳、みすず書房、一九九二年、五七九頁）

（13）Lettre à Huguette Baur, *Œuvres*, p. 969.

（14）«En quoi consiste l'inspiration occitanienne?», *EHP*, p. 75-84; repris dans *Œuvres*, p. 671-680.（「オク語文明の霊感は何にあるか？」『シモーヌ・ヴェーユ著作集Ⅱ』所収、松崎芳隆訳、二二〇―二三三頁）

(15) R・シュナヴィエは、ペラン神父が多くの迫害されたユダヤ人たちを救ったことでエルサレムのヤド・ヴァシェム研究所の「諸国民の中の正義の人」のメダルによって褒賞された、と指摘している（*OC*, IV, 1, *EM*, p. 215）。

(16) 尋問の調書の裏面に警察署長は次のように記載している。「われわれは、Yという名の人物［ビュルガスの逮捕後、彼の持つ書類を取り返すことになる人物］によって元通りにされ、われわれによって差し押さえられた、ロベール・ジャン［ビュルガスの第二のファーストネームでペンネームのうちの一つ］の所持する書類の中に、ヴェイユ嬢の手書きの依頼書を見つけたが、この手紙のタイプ原稿と同様に、その表書きは〈英国での許可願い〉であった（*OC*, IV, 1, *EM*, p. 447）。

(17) Procès verbal établi par le comissaire de police sous-chef de la Sûreté de la ville de Marseille（*ibid.*, p. 446）.（マルセイユ市警察の副警察署長により作成された調書）

(18) Robert Mencherini, «Simone Weil dans les archives judiciaires d'Aix-en-Provence», *CSW*, XVII-4, décembre 1994, p. 327-362. ロベール・ビュルガスは、国内外の治安侵害容疑で、一九四三年三月一七日に六カ月の懲役刑を宣告されたが、一九四三年一二月六日に獄死した（*ibid.*, Avant-propos de Robert Chenavier, p. 12）。

(19) «Demande pour être admise en Angreterre», *OC*, IV, 1, *EM*, p. 395.

(20) [Document n° 2: pièce 120], *ibid.*, p. 447.

(21) Louis Rougier, *Celse ou le conflit de la civilisation antique et du christianisme primitif*, Paris, Édition du Siècle, 1926.

(22) 以下を参照。Jeffrey Mehlman, *Émigrés à New York, Les intellectuels français à Manhattan, 1940-1944*, préface Régis Debray, trad. de l'américain par P.-E. Dauzat, Paris, Albin Michel, 2005, p. 150s.

(23) *SP* II, p. 326.（『詳伝シモーヌ・ヴェイユII 一九三四—一九四三』二六三頁）

(24) *Ibid.*, p. 328.（同書、二六五頁）

(25) Lettre à Maurice Schumann（Lettre de Londres non datée）, *EL*, p. 208.（「モーリス・シューマンへの手紙

（日付なしのロンドンからの手紙）」二五七頁）

（26） J.-M.Perrin, *Mon dialogue avec Simone Weil*, préface d'André Devaux, Paris, Éd. Nouvelle Cité, 1984, pp. 105-106.

（27） Cité dans Gabriella Fiori, «Simone Weil : sa "trêve" de Marseille», *Agone*, p. 10, p. 58, http://atheles.org/lyber_pdf/lyber_397.pdf

（28） Joseph-Marie Perrin et Gustave Thibon, *Simone Weil telle que nous l'avons connue*, Paris, Fayard, 1967, p. 15s.（J・M・ペラン、G・ティボン『回想のシモーヌ・ヴェイユ』田辺保訳、朝日出版社、一九七五年、二二一二三頁）

（29） S. Weil à G. Thibon, cité dans *SP* II, p. 423.（前掲書、三四九頁）

（30） S. Weil, *La Pesanteur et la Grâce*（*PG*）, Paris, Plon, 1947.（『重力と恩寵』『シモーヌ・ヴェーユ著作集Ⅲ』所収、渡辺義愛訳、春秋社、一九六八年）

（31） *Intuitions préchrétiennes*（*IPC*）, La Colombe Éditions, 1951; nouvelle éd., Paris, Librairie Arthème-Fayard, 1985.（『前キリスト教的直観』、主要部分が『シモーヌ・ヴェーユ著作集Ⅱ』に収められている。また、今村純子訳で、法政大学出版局から全訳が出ている）

（32） Lettre à Maurice Schumann（New York, 30 juillet 1942）, *EL*, p. 186.（「モーリス・シューマンへの手紙（ニューヨーク、一九四二年七月三〇日）」二二〇頁）

（33） J.-M. Perrin et G. Thibon, *Simone Weil telle que nous l'avons connue*, p. 146-147.

（34） *SP* II, p. 417.（『詳伝シモーヌ・ヴェイユⅡ 一九三四―一九四三』三四五頁）

（35） «These are the impressions of a Parisian. . .», *CSW*, XXII-1, mars 1999, p. 7.

（36） Lettre à Jean Posternak（été 1937）; *Œuvres*, p. 656.

（37） S. Weil, *L'Enracinement*（*E*）, Paris, Gallimard, coll. «Folio», 1949, p. 68; repris dans *Œuvres*, p. 1025-1218.

（S・ヴェイユ『根をもつこと（上）』冨原眞弓訳、岩波文庫、二〇一〇年、七二頁）

（38） «Demande pour être admise en Angleterre», *OC*, IV, 1 *EM*, p. 395.

（39） *SP* II, p. 429.（『詳伝シモーヌ・ヴェイユⅡ 一九三四―一九四三』三五五頁）

（40） J.-M. Perrin et G. Thibon, *Simone Weil telle que nous l'avons connue*, p. 152.（『回想のシモーヌ・ヴェイユ』二四〇頁）

（41） Jaques Cabaud, *Simone Weil à New York et à Londres: les quinze derniers mois, 1942–1943*, Paris, Plon, 1967, p. 23.（J・カボー『シモーヌ・ヴェーユ最後の日々』山崎庸一郎訳、みすず書房、一九七八年、一三頁）

（42） Lettre à Maurice Schumann (New York, 30 juillet 1942), *EL*, p. 187.（「モーリス・シューマンへの手紙（ニューヨーク、一九四二年七月三〇日）」二三二頁）

（43） Lettre à Maurice Schumann (New York, non datée), *EL*, p. 198.（「モーリス・シューマンへの手紙（ニューヨーク、日付なし）」二四二頁）

（44） Robert Mencherini, «Simone Weil dans les archives judiciaires d'Aix-en-Provence», *CSW*, XVII-4, p. 352.

（45） Cité dans J. Cabaud, *Simone Weil à New York et à Londres*, p. 34.（『シモーヌ・ヴェーユ最後の日々』二八頁）

（46） Deux textes inédits de New York, «These are the impressions of a Parisian. . .», II, *CSW*, XXII-1, mars 1999, p. 30 et 31.

（47） «Projet d'une formation d'infirmières de première ligne», *OC*, IV, 1, *EM*, p. 408.（「前線看護婦部隊編成計画」『ロンドン論集とさいごの手紙』所収、二三三頁）

（48） S. Weil, *Œuvres complètes* (*juillet 1942–juillet 1943*), t.VI, vol. 4, *La Connaissance surnaturelle* (Cahiers de New York et de Londres) [*OC*, IV, 4], textes établis et présentés par Marie-Annette Fourneyron, Florence de Lussy et Jean Riaud, Paris, Gallimard, «Introduction», p. 11s.

(49) J. Cabaud, *L'Expérience vécue de Simone Weil*, Paris, Plon, 1957, p. 310.（J・カボー『シモーヌ・ヴェイユ伝』山崎庸一郎・中條忍訳、みすず書房、一九七四年、三六二頁）

(50) Cité dans *SP* II, p. 432.（『詳伝シモーヌ・ヴェイユII 一九三四—一九四三』三五六頁）

(51) Lettre d'André Philip à Simone Weil（14 septembre 1942), *Œuvres*, p. 1246.

(52) Lettre à Maurice Schumann（New York, non datée), *EL*, p. 200.（「モーリス・シューマンへの手紙（ニューヨーク、日付なし）」二四五頁）

(53) Lettre à L. Bercher, citée dans *SP* II, p. 439.（『詳伝シモーヌ・ヴェイユII 一九三四—一九四三』三六二—三六三頁）

(54) Lettre aux Honnorat du 23 septembre 1942, citée dans *SP* II, p. 439.（『詳伝シモーヌ・ヴェイユII 一九三四—一九四三』三六三頁）

(55) Lettre à ses parents（16 décembre 1942), *EL*, p. 218.（「父母への手紙（一九四二年一二月一六日）」二七二頁）シモーヌ・ヴェイユが一九四〇年九月に到着した時、フランシス＝ルイ・クロゾンもまたこのトリアージ・センターに立ち寄っているが、彼は次のように書いている。「もっと後になって、私が無駄で腹立たしいと思っていた尋問中に、ドイツのスパイたちが発見され逮捕されたことを知った」（Francis-Lois Closon, *Le Temps des passions. De Jean Moulin à la Libération, 1943-1944*, Paris, Presses de la Cité, 1974, p. 22)。

(56) M. Schumann, «Un bouquet tricolore», écrit pour le 20^e^ anniversaire de la mort de Simone Weil, *Nouvelles littéraires du* 22 août 1963, cité dans André-A. Devaux, «Présence de Simone Weil dans la vie de Maurice Schumann», *CSW*, XXI-3, septembre 1998.

(57) «Présence de Simone Weil», *Simone Weil, philosophe, historienne et mystique*, Paris, Aubier, 1978, p. 24.

(58) Fr.-L. Closon, *Le Temps des passions*, p. 33.

(59) Lettre à ses parents（31 décembre 1942), *EL*, p. 221.（「父母への手紙（一九四二年一二月三一日）」二七六頁）

(60) Lettre à Huguette Baur (juillet 1940), *Œuvres*, p. 1246.

(61) Lettre à ses parents (22 mai 1943), *EL*, p. 237.（「父母への手紙（一九四三年五月二二日）」三〇一頁）

# 第二章　マルクス批判から社会の危機の診断へ

「マルクス主義はブルジョワ社会の最も高度な精神的表現である」（『歴史・政治論集』）。

「第二の主著」を予告しながら、同時にシモーヌ・ヴェイユは、必然的に「第一の」主著を参照する。この作品は、彼女が工場に入る直前、一九三四年の五月から九月にかけて書かれたものであり、『自由と社会的抑圧の諸原因についての考察』[1]という題名が付けられた。一九四三年に書かれた、「われわれは正義のために戦うのか？」というエッセイにおいて、シモーヌ・ヴェイユは抑圧に関して次のように指摘することになる。「抑圧は、強姦［同意のない愛の醜いカリカチュアである］に次いで、人間存在の持つ第二の恐怖である。こちらは服従の醜いカリカチュアである[2]」。アランがそこに「最大級の仕事」を見たこのテクストは――これは一つの論文だったはずのものが、ほぼ一冊の本になった――、彼女の唯一の完成した著作である。一九四二年、彼女がまさにフランスを離れようとしている時に、シモーヌ・ヴェイユは一人の友人に、次のような手紙を書いた。「パリの、私の書類入れの中に、とても長い、一つの散文のテクストがあります〔……〕。それは主として政治的及び社会的抑圧の分析、またその恒久的な諸原因、メカニズム、今日的形態についての分析です。一九三四年のものです。同時にまた非常にアクチュアルなものです。ずっと残っているだけの価値はあると私は信じています〔……〕。それを出版しなかったことを、今とても後悔しています……」(3)。所持品を全部ニューヨークに残してきたシモーヌ・ヴェイユは、ロンドンで一度、そのテクストをタイプして自分のところに送るように要求したことがあった(4)。

このエッセイにおいて、シモーヌ・ヴェイユは、依然として「左翼的」感性を堅持しながらも、マルクス主義に対して原則的な批判に身を委ねた。だからこそ彼女は、『月の下の大いなる墓場』を読んで、ベルナノスに次のような手紙を書いた。「子どもの頃から、私は社会的ヒエラルキーの軽蔑された階層の人々を拠り所とする集団に共感していました(5)」。一つの逸話がある。一〇歳の時に、彼女は失業者のデモに自発的について行って、「私はボルシェビキです」と宣言したという。ヴィクトール・デュリュイ高校での哲学クラスでも、そしてカーニュでも、彼女は『リュマニテ』誌を読んでいた。高等師範学校では、失業者やストライキ参加者のために募金を集めたこともある。一九三〇年に、彼女が決めたアグレガシオンのプログラムでは、「覚えておくべきこと……」という項目に「プルードン、マルクス」(6)と記されている。その上、一九三三年から一九三四年にかけて、彼女は、サン＝テティエンヌの労働センターでマルクスについての講義を行った。しかし、だからといって、シモーヌ・ヴェイユが根強い噂に反して、コミュニストだったという訳ではない。しかも彼女は、いかなる政党にも所属しておらず、一九四三年にロンドンで、「政党の全面的廃止についての覚書」を書きさえした。政党はどれも、彼女には、集団的情熱を作り上げ、そしてその情熱が本来のすべての思考をも放棄させるに到るという点できわめて重大な集団的圧力の行使を目指す、「全体主義的」組織のあれやこれやと同じように見えたのである。「ほとんど至る所で〔……〕賛成か反対か、敵か味方かを決めることが、思考の責務に取って代わった(7)」。両親の家にレオン・トロツキーを泊めた時、彼女は彼と激しく言い争い、彼のドイツ共産党への執着を批判した。同じくまた、彼のソビエト体制の評価に関して、シモーヌ・ヴェイユにとってはファシズムに類似した一形態が問題であったのに対して、トロツキーがプロレタリア独裁の「官僚主義的」歪曲しか見ていないことを批判した。

「われわれは未来を奪われた時代を生きている」(*OL*, p. 30〔一〇頁〕)という少しばかり絶望的な確認から出発して、彼女は科学的社会主義のドグマを告発し、そしてまずは、彼女から見て、資本家の国家か、それとも労働者の国家かという間違った二者択一を取り上げる。実際、資本主義が絶頂期を迎え、その拡大が地球的限界に直面しているにもかかわらず、マルクスの「科学的」主張とは別に、社会主義の実現のために前ぶれとなるような転換の兆候が現れてくる気配はまるでない。そしてその証拠として、彼女は、「長らく、革命的階級は、ローザ・ルクセンブルクが頼りにしていたあの自然発生性のどんな兆しをも表すことはなかった」（*ibid.*, p. 31〔一一頁〕）という事実を主張する。したがって、「体制はそれ自身の墓掘り人を生み出すだろう」（*ibid.*, p. 102〔一三三頁〕）というマルクスの予言はまったく当を得ないものであり、「革命という言葉は、単に、資本主義体制の発展が作り出した多くの嘘の一つではなかったかどうか」（*ibid.*, p. 30〔一二頁〕）を自問することができるほどである。というのも、一八七一年に、パリ・コミューンが「活動的な労働者大衆の創造的力」の例を提供したとしても、それはまた「組織された抑圧の力に対する闘いが問題になっている時に、自然発生的な運動の持つ根本的無力さ[8]」の例をもたらしたからである。たとえシモーヌ・ヴェイユが一九三六年六月を例外扱いするとしても――彼女は大規模なストに参加し、マティニヨン協定に賛意を表した――、それでもなお依然として彼女は、運動の全体主義的逸脱の危険性を強調し、大衆が「彼らを作った、あるいはむしろ歪めた、体制の反対物[9]」を自然発生的に生み出すことができるかどうか疑わしいと思っていた。ロシアの例は痛ましくも、一国での革命が搾取や抑圧の必然性に終止符を打つという考えを否定した。というのも、革命はすべての国で同時に起こるということはありえないので、抑圧の原動力――すなわち、他の国民よりも弱くなるという恐怖、それゆえ権力闘争――は残り続けるからである（*ibid.*, p. 32〔一四―一五頁〕）。その上彼女は、たとえ一九一七年の一〇月革命によって生まれた体制がともかく私有財産を廃止したとしても、翻ってそこには出版や言論の自由が存在していないことや、選ばれた公務員や民兵として組織された人々に代わって、唯一の政党や官僚制や常備軍が絶対的支配者として君臨していることを認めざるをえなかった。実際マルクスがこれと似たような事態をまったく予測していなかったにもかかわらず、「地球の六分の一で、ほぼ一五年間、どの国家であれ他のところと同じように抑圧的で、資本家のものでもなく労働者のものでもない国家(10)」が君臨した。結局、社会主義の実現は、奴隷制や農奴制以外に、新しい形態の抑圧によって阻まれることになる。もっとも、マルクスはそれを垣間見ていたのだが、この新しい抑圧の形態とは、技術の進化や仕事の専門化との結びつきの中で現れたものである。すなわち、それは調整機能の抑圧、言い換えれば管理的あるいは官僚的、「かなり集団的で匿名的となった」（*ibid*., p. 95［一一二頁］）機能の抑圧である。その上、シモーヌ・ヴェイユは、「いつか労働が余計なものとなるというこのばかげた考え」（*ibid*., p. 45［三五頁］）を非難した。この考えは、「技術の進歩の速さによってもたらされた陶酔」に基づくものである。彼女の言い分によれば、マルクスは、そのことをどこかで明らかにすることはなかったとはいえ、やがて生産諸力が人間を解放しうるほどに十分に発展し、今後は生産はわずかな努力で達成できると考えていたふしがある。より少ない努力でより多く生産することは、天然のエネルギー資源を自然から取り出し、労働によってそれらの資源を変形させるということを前提としている。ところが、「この労働は時間の経過につれて、必ずしも少なくなるわけではないし」（*ibid*., p. 38［二五頁］）、またこのような天然資源はやがて涸渇する運命にある。米国のロボット神話に関しては、一つのフィクションだけが重要である。「どんな技術でも、決して、自分たちが使う道具を額に汗して絶えず更新し調整しなくてもよいということにはならない」（*ibid.*, p. 43〔三二頁〕）。さらにオートメーション化は常に必要以上に生産するという誘惑の原因となり、そしてそれは古い機材を使用済みのものとして廃棄するように促すことによって、「濫費」経済へと行き着くことになる。実際、マルクスはここでは、アリストテレスの考え方を発展させながら、もっぱらそれを繰り返すことしかしていない。その考え方によれば、単にわれわれが必要不可欠な労働を「機械の奴隷たち」に引き受けさせることができただけだとすれば、もはや奴隷制の廃止を妨げるどんな障害もないはずだというものである。このような考え方に関してシモーヌ・ヴェイユは、もしも人間が権力闘争によって動かされるよりもむしろ自分たちの満足感への配慮によって動かされているとすれば、正しい考え方であろうとみなした（*ibid.*, p. 59〔四七頁〕）。

要するに、マルクスは抑圧のメカニズムの一部を記述しただけなのだろう。歴史の中でめったに見られない、抑圧のない社会的組織の諸形態は、生産のきわめて低い水準と一致している。したがって、各家族は自分たちの消費に必要な分だけ生産するのであり、存続する分業はといえば、唯一、両性間でのそれのみであった。すなわち、このような条件において、人間は外的な自然と格闘しているのである。抑圧が現れるのは経済のより進んだ段階においてでしかない。この段階においては、人間はもはや自然によって「悩まされる」ことはないが、今度は他の人間によって悩まされることになる。このことは、マルクスが認識していなかった権力のための闘争という別の要因を介在させることによって説明される。ところで、定義上、権力は手段でしかないとすれば、権力の追求に関して言えば、「それがその対象を奪取するのに無力であるために」――権力の争いは実際際限がない――、目的についてのどんな考察とも相入れないが、その結果、権力の追求は、「不可避的な転倒によってあらゆる目的に取って代わることになる。[『イリアス』以来の]歴史を通じて常に見られる、非常識で血なまぐさいあらゆる事柄を説明するのは、手段と目的との関係のあの転倒であり、根本的なあの狂気なのである」(*ibid*., p. 8 [五八頁])。

シモーヌ・ヴェイユが一九三四年一二月四日に始めた『工場日記』は、それまで彼女の単なる予感にすぎなかったものが確かなものになったことの証明である。抑圧、窮乏、肉体的苦痛が労働者の条件の宿命であり、それこそ彼女が身をもって実証しようと望んだ点である。それゆえ、抑圧の諸原因に関するシモーヌ・ヴェイユの診断は、彼女から見ると、われわれが生きているのが政体の危機というよりも、むしろ社会の危機であるという点で、マルクスのそれとは異なっている。労働者の企業の経営者に対する従属において問題なのは、工場の構造そのものであって、所有の制度ではない。同様に、肉体労働と知的労働との分離に基礎を持つわれわれの文化の構造は、間違っている。「われわれの文明全体は専門化に基づいており、この専門化は実行する人々の調整する人々への服従を前提としている。そして、このような基礎に立てば、できることと言えば、抑圧を組織化し、完成するだけであり、軽減するどころではない」(*ibid.*, p. 33［一六―一七頁］)。「パースペクティヴ……」という論文を書いた頃からすでに、シモーヌ・ヴェイユは、自分の追い求める目標を述べていた。すなわち、「われわれをことごとく駄目にしてしまうこの専門化を廃絶することによって人間を完全なものにすること［……］、単なる訓練の代わりに技術の完全な理解を労働者に与えることで、肉体労働にそれが受け取る権利がある尊厳を付与すること、［……］肉体労働が固有の機能として持つ、自然や道具や社会そのものに対して及ぼす支配する力を個人に取り戻すこと(11)」。

したがって、一方ではシモーヌ・ヴェイユが、「人間が奴隷として生まれたことや、奴隷制が人間の固有の条件であるように思われる」(*ibid.*, p. 71［七九―八〇頁］)という結論に到った以上は、また他方では彼女が革命にどんな希望も持たなかった以上は、この社会の危機への治療法は自らその「理論的な絵」を描いた対抗社会の草案の中にしかありえないということになるだろう。しかも、そこで強調されたのは、「夢想」や「単なるユートピア」の重要性である。しかし、それこそ彼女がマルクスにおいて否認したものである。その内容とは次のようなものである。「最も悪くない社会とは、大多数の人間がしばしば活動するとともに思考するという義務を負っているような社会である」(*ibid.*, p. 89［一一一頁］)。デカルトについての卒業論文以来、シモーヌ・ヴェイユは活動(action)を人間存在を構成する二つの側面――「世界を受苦する受動的存在と、世界に働きかける能動的存在」――を両立させる手段として定義していた。「狂った想像力が私に私の錯乱した欲望を介して、世界を盲目的に転覆させるといったような活動のもっともらしさではなく、真の活動、間接的活動、幾何学に合致した活動、あるいは、正しい言い方をすれば、労働」。しかしながら、「人間が一度としてもはや決して考えることが〔……〕できなかったわけではなかった」今の時代に、現代の文明によって整えられた形態ほどこの理想に反するものはもはや何もない。その原因とは、「人間の手に負えるものが何もない世界にわれわれが生きている」(*ibid.*, p. 94〔一一九頁〕)ということである。労働そのものの調子、リズム、細分化、拡大しつつある仕事の複雑化、教育の欠如によって、労働者は、自分の仕事の目的が分からなくなっている。だからこそ彼女は、次のような社会を夢見たのである。この社会にあっては、「肉体労働が至高の価値であり〔……〕、何にも優って人間の行為であり〔……〕、肉体労働は文化の中心そのものに位置し〔……〕、芸術はあの幸せな、精神と身体との均衡の表現を作品の中に結晶化させ〔……〕、社会的諸関係は労働の組織に合わせて直接的に形づくられ〔……〕、協力が最高の法ということになるだろう……」(*ibid.*, p. 90s〔一一二―一一五頁〕)。そして彼女は、結論を下す。すなわち、「考えたり活動したりする個人的な能力が大きくなればなるほど、生活はそれだけ一層人間的なものになるだろう」(*ibid.*, p. 106-107〔一四一頁〕)。

シモーヌ・ヴェイユが彼女の両親に予告した、あの「第二の主著」は、こうした『諸考察』との連続性において書かれており、彼女が願望と呼んだこの対抗文明の絵をより正確に描き出している。たとえ不幸を完全になくすことがユートピアであるとしても、不幸の諸原因を明るみにもたらすだけでは――

「地球の表面に撒き散らされた不幸が私に取り憑き私を圧しつぶす」[13]――十分ではなく、不幸の原因を限られたものにするために政治的及び精神的手段を発見しなければならない。シモーヌ・ヴェイユはそれ〔『根をもつこと』〕を完成させる前に亡くなったので、この作品は彼女の政治的「遺言書」となった。しかしながら、この「主著」という形容語にわれわれは欺かれてはならないし、シモーヌ・ヴェイユはその影響力についてほとんど幻想を抱いてはいなかった。実際に彼女は両親に、「私の書くものがいつか何らかの効力を持つに違いないと考える理由などこれっぽっちもないと思います」[14]と正確に伝えている。さらにフローランス・ド・リュシーは、シモーヌ・ヴェイユの仕事が何を優先するかという仕事の序列によってそのような扱いを受けざるをえなかった冷淡さのせいで部分的には死んだことをほのめかしている。[15]またジャック・カボーは、ジャック・カボーで、別の仮説を提示する。シモーヌ・ヴェイユが一九四三年四月一五日にミドルセックス病院に入院したせいで、国家改革委員会のメンバーたちは「人間に対する義務宣言へのプレリュード」も「人間に対する義務宣言のための研究」もその内容にまで目を通す時間的余裕がなかったということなのかもしれない。[16]これらのテクストは一九四三年の「人間と市民の権利の宣言」についていくつかの点で反論を試みたものであるが、結局のところ、シモーヌ・ヴェイユが自分こそその受託者だと思っていた「純金の預かり物」はこの預かり物が書かれた時代には読者を見出すことができなかったということなのかもしれない。その証拠は、同じように、両親に送られた次のような考察である。「私の同時代者の人々の経験や観察によって、私はそれを受け取る者が誰もいないということをますます確信しています［……］。後の時代に関して言えば、筋肉と思考を持つ世代が現れるまでには、今の印刷物や手書き原稿はおそらく物質的に消えてしまうでしょう[17]」。それゆえ、シモーヌ・ヴェイユの大部分の作品と同様に、それもまた状況的テクストであるあの文書に目を転じてみよう。このテクストは、出版された後、『根をもつこと』と呼ばれるようになった「人間に対する義務宣言へのプレリュード」である。

ガリマール社で下読み係をしていたアルベール・カミュがブリス・パラン――パラン自身はそれをボリス・スヴァーリン[18]から受け取ったのだが――を介してその手書き原稿を受け取った時、彼はその価値を間違いなく見抜いた。カミュは、自分が「戦争が始まってから出版された［……］最も重要な書物のうちの」一つに関わっており、ヨーロッパの再生が彼の目には「『根をもつこと』の中でシモーヌ・ヴェイユが定めた要請[19]」を考慮に入れる必要があることをすぐさま理解した。一九四九年の六月に「エスポワール」双書の刊行が始まった時、まだ「人間に対する義務宣言へのプレリュード」でしかなかったものに対して、カミュが選んだタイトルはこの『根をもつこと』であった。ところで、シモーヌ・ヴェイユは、「根をもつこと（enracinement）」という語と少なくとも同程度に「根こぎ（déracinement）」という語を用いる。根こぎは、ルネッサンス以来、――「われわれのあらゆる精神的悪がルネッサンスから来ている[20]」――、われわれの文明が苦しんでいる病いの名前であり、その作品の第三部で治療法を検討する前に、シモーヌ・ヴェイユは第二部において診断を下している。根をもつことそして／あるいは根こぎのいずれにせよ、われわれはまさしく土地（agraire）のメタファーに向き合っている。文字通りの意味で取ると、「根」という語は、植物と大地とを結び、それを成長させる栄養を植物に確保するその地下の箇所を指す。また、比喩的な意味で取ると、「根」という語は、根源、ある個人を一つの場所や過去の時間的次元に結合する最も深い絆を指す。根こぎの方は、広義には、比喩的な意味で、たとえば悪徳、あるいは有害とみなされる他のものを根絶し、取り除き、むしり取る行動を指す。現代の世界では、この語によって、亡命、移民の状況を、苦しみの運命とともにある人々の強制的移住を、想起せざるをえない。この語の使い方は、とりわけ、モーリス・バレスによって一八九七年に、『根こぎにされた人々』と題された小説が出版された事実から、保守的なフランスの右派と結びつく。それは、ロレーヌ地方の七人の若者がパリで財をなそうとそこから出て来て、その中の一人、借金まみれになったラカドが彼の創始した新聞社を立て直そうとして犯罪を犯してしまうという物語である。しかしながら、シモーヌ・ヴェイユの注釈者は、彼女の作品においては、モーリス・バレスあるいはシャルル・モーラスとは逆に、やがて見るように、根が大地の深部から栄養を取るのではなく、超自然的秩序の中からその樹液を獲得するということを指摘した(21)。

ドイツのユダヤ人哲学者ハンナ・アーレントは、ヒトラーの政権の掌握によってドイツを追われ、一九三三年から亡命の途についた。そのため彼女は最初に八年間パリで過ごした。その後彼女は米国へのビザを手に入れ、一〇年後にそこで国籍を得た。アーレントは、『思索日記』において、根こぎされた人のために、うまく自分を表すことができるような三つの人物像を記述した。

根こぎ［Wurzellosigkeit］、すなわちイメージの明確化を図ると次のようになる。追放され大抵の場合根を残したままの人々、彼らはいわば自分たちの根から切り離され、その結果、根がないという本来の意味で根こぎにされているのである。

一緒に根を持ち出せた人々にとって、それ以降自分たちの根が根ざしていた地面を失い、彼らの根はもはや重みに耐えることができず、いわば弱くなってしまう。

他の人々、すなわち、自分の中に留まることができた人々は、自分たちの根がそこに根づいている土台や地面は彼らの足元からまるごと運び出されてしまった。その結果、彼らの根は、最良の場合でも、むき出しにされ、二重に蝕まれたものとなる。この場合、根は、一方ではその根が肥沃な環境を失ったという理由で、他方では可視性それ自体の明るさのため、つまり守り手である暗さの欠如のために、枯れてしまう。いわば秘密が破壊されるのである(22)。

シモーヌ・ヴェイユの場合には、植民地支配によってもたらされる根こぎに、特に強い関心が見られる。彼女は次のように書いている。「軍事的征服があるたびに根こぎがある［……］。征服者が今や彼のものとなった領土のよそ者であり続ける時、根こぎは服従させられた住民にとってほとんど致命的な病いとなった」。彼女によれば、たとえヘブライ人たちがパレスチナの全住民を皆殺しにし奴隷化した「一握りの根こぎにされた人々」――「根こぎにされた者が根こぎにする」(*E.* p. 67〔上・七一頁〕)――であったとしても、それでもなお彼女は、根こぎが「ドイツによって占領されたヨーロッパにおいてそうであるように、たくさんの人々が強制収容所に抑留される時、最も深刻な段階に達する」(*ibid.*, p. 62〔上・六五頁〕)ことに同意する。ヘブライ人たちに加えて、シモーヌ・ヴェイユはこの根こぎの証拠として、「一つの都市に人為的に寄せ集められた一握りの逃亡者たち」であるローマ人と、「ヒトラーがドイツ人を支配した時に、彼が絶えず繰り返したように、まさしくプロレタリアの国家の、つまり根こぎにされた人々の国家の国民であった」ドイツ人とを挙げている。しかし、われわれは、シモーヌ・ヴェイユにおいて時に、「亡命」、「よそ者」、そして「根こぎ」という語が、たとえそれらが必ずしも地理的な移動を含意しないにしても、同義語のように使われているのを目にすることもあるだろう。軍隊的征服に加えて、シモーヌ・ヴェイユは根こぎの残りの二つの要因を列挙する。一方では、貨幣及び経済的支配――「儲けたいという欲望があらゆる動機に取って代わることによって、お金はそれがはびこっているところならばどこでも根という根を破壊してしまう」(*ibid.*, p. 63〔上・六五、六六頁〕)――であり、他方では、今日それが次のように考えられている教養である。すなわち「根こぎの病いのあらゆる現代的形態にあって、文化の根こぎは最も警戒すべきことである」(*ibid.*, p. 92〔上・九九頁〕)。シモーヌ・ヴェイユは、ヨーロッパでの戦争による根こぎの規模の拡大に恐怖を抱き、『根をもつこと』という書物を、過去の精神的諸価値を、再確認することによって、「全体主義的偶像」の決定的根絶を目指す真の「文明論」として構想した。さもないと、こうした全体主義的偶像は何らかの形でいずれ復活することになりかねないからである。「ファシズム、コミュニズム、そして無秩序は、唯一無二の悪の、ほとんど区別のつかない、同じような表現にすぎない」（*ibid.*, p. 232〔上・二六二頁〕）。

シモーヌ・ヴェイユが自分で診断を下した病気を治療しようと望んだやり方の中で注意を引く第一の点は、彼女が「自分たちのインスピレーションの原理として権利の概念を選ぶことによって悲惨な〔……〕過ちを犯した一七八九年の人々」に対して強硬に反対したことである（*ibid.*, p. 350〔下・一四四頁〕）。人間の諸権利の理論に対して、すなわち政治の司法的及び個人主義的な考え方に対して、シモーヌ・ヴェイユは実際に義務の観念に基づいた政治的理論を対立させようとする。彼女の主張によれば、義務の観念は、「権利の観念に優越するものであり、権利の観念の方がそれに従属し相対的なのである」（*ibid.*, p. 9〔上・八頁〕）。しかも、それこそが、『根をもつこと』の執筆を推進させた二つのテクストがそれぞれのタイトルによって示しているものである。その二つとは、「人間に対する義務宣言へのプレリュード」と「人間に対する義務宣言のための試論[23]」であるが、その二つのいずれも「人間と市民の諸権利の宣言」に記されたいくつかの点にそれとなく反駁を試みたものであり、その決定的なテクストは、一八七四年の憲法と同様に、一七八九年の「宣言」からインスピレーションを得て作られており、一九四三年の八月一四日に公表されるに到った。

権利とは反対に、義務は事実上のいかなる状況にも左右されることはないし、それはまた「この世界を超えたところ」にある一つの領域に位置づけられるため、無条件的なものなのである。革命家たちが「権利の概念から出発した」(*ibid.*, p. 10 [上・九頁]) のは、まさに彼らが諸々の人間的事象の現実しか認めなかったからである。権利の概念には「自分にあてがわれた任務を果たすことができない[24]」のは明らかであった。「人間存在に対する義務宣言のための研究[25]」がそこへと開かれている信仰告白においてシモーヌ・ヴェイユが主張しているように、この世界の現実が必要なものの不可避性と不足とに基づいているのと同様に、世界の外の現実は「善の唯一無二の根拠」なのである。自分たちの注意と愛を世界の外の現実の方へと向ける人々だけが、神自身に到達する力を持つというのではなく、「魂と身体のあらゆる欠如を[その]力の及ぶ範囲内で」(*EL*, p. 78 [八九頁]) 改善することによって、人間の間に少なくとも〈善〉を降臨させる力を持つということなのである。すなわち、彼らにだけ力の行使を割り当てなければならないのである。

シモーヌ・ヴェイユが言うには、権利の概念は「分配」、「交換」、「量」の概念と結びつくことによって、「商業的な何ものか」を持ち、「要求の調子[26]」に基づいて表現されるようになる。権利の概念は「粗野な力の少し上に」位置づけられるが、それでもやはり超自然的なものとはまったく無関係である。それは「天上に場所を」持たない「[が]」、空中に宙づりになっており、そのため[……]大地に食い込むことができない」(*ibid.*, p. 29 [二八頁])。また、この概念は、「人格 (personne)」や「民主主義」の概念と同じ資格で、シモーヌ・ヴェイユが「諸価値の中間的領域」と呼ぶものに属し、たとえ人格や民主主義といった概念が中間的諸制度の領域である自分たちの領域でうまく用いられているとしても、反対に、「あらゆる制度がそこから生じるところの、また、それらの制度がその投影のようなものであるところのインスピレーション」はと言えば、もう一つの言語（*ibid.*, p. 43〔四五頁〕）、すなわち義務と正義のそれを要求するのである。

「異教徒のものであり、洗礼を授けることができないものである」権利の概念は、その起源を古代ローマに持ち、粗野な力を辛うじて隠す嘘の仮面にすぎない。「ヒトラーと同じように、力はいくつかの観念を纏った時にのみ完全な効力を持つということを理解していたローマ人たちは、このような使用法にしたがって権利の概念を用いた」（*ibid.*, p. 24〔四八頁〕）。一八世紀の唯物論者たち、とりわけディドロや百科全書派の人々は、この嘘を再び取り上げ、それを「自然権（droit naturel）」（*ibid.*）という言い方で広めた。シモーヌ・ヴェイユの批判は、ジャック・マリタンをも容赦しなかった。彼は次のように書いていた。すなわち、「権利の概念は道徳的義務のそれよりも一層根源的である。というのも、神は被造物に対して至高の権利を持ってはいるが、道徳的義務は持っていないからである（たとえ神が被造物の本性によって要求されたことを彼らに与える義務を負っているとはいえ）」。これに対してシモーヌ・ヴェイユは、次のように答えた。もし、これらの二つの概念が両方とも神にふさわしくないとしたら、権利の概念は――「権利の所有が良くも悪くも使われるという可能性がある以上、善と悪の混合物である」のに対して、「義務の遂行は、あらゆる点で、常に、無条件的に、善である」がゆえに――神にはそれ以上に「限りなくふさわしくない」（*E*, p. 350［下・一四四頁］）。権利というローマ的な概念に、シモーヌ・ヴェイユは正義というギリシア的な概念を対置し、このような対立の拠り所としてアンチゴネーの例を持ち出す。「この若い娘が従った、文字で書かれていない掟は、どんなものであれ、いかなる権利であろうが自然的なものであろうが、まったく共通点を持たないか、キリストを十字架へと追いやった、極端な、不条理な愛以外の何ものでもなかった[27]」。ローマとアテネとのこの対立は、ライトモチーフとして、シモーヌ・ヴェイユの中に繰り返し現れる。そして、ギュスターヴ・ティボンは、ローマ人やユダヤ人が重力の側に立つのに対して、このような態度はエジプト人、ギリシア人、ガロワ人、そしてアルビ人たちを恩寵の側に位置づけるものであるが、「全体主義のすぐ近くにいる[28]」とみなした。もっとも、シモーヌ・ヴェイユは全体主義に対して立ち上がったのではあるが。ギリシア的精神と無関係な権利の概念は、同じように、キリスト教の発想とも関係がない。「アッシジの聖フランチェスコが権利について話すなんて想像できない[29]」。シモーヌ・ヴェイユは、権利と正義とのこのような対立を、それぞれの叫びを援用しながら見事に要約している。「なぜ他の者が私以上に持っているのか」。大きい方のケーキの一切れを取った兄に対して、弟が発したこの叫びは、「権利に関わるものであり」、『国家』の第一巻でプラトンが放棄した正義の定義に関係したものである。しかし、「なぜ私を苦しめるのか」という内なる叫びは、まったく別の問題を提起する。というのも、「すべての人間の心の底には、幼少期から墓場に到るまで、罪を犯し、罪に苦しみ、罪に気づくという経験にもかかわらず、人に対して、悪をではなく善をなすということを如何ともしがたいほどに期待する何ものかがある。何よりもそれこそすべての人間存在において見出される聖なるものである」（*EL*, p. 13〔五頁〕）。このような正義は、分配による正義に優る。要するに、シモーヌ・ヴェイユが権利の概念に対して非難したことは、その概念が「愛との直接的な結びつき」を欠いている点であり、またそれが社会的な対立の中心に位置するがゆえに、対立する双方に「隣人愛のあらゆるニュアンス」を不可能にしてしまうという事実である（*ibid*., p. 26〔一二頁〕）。義務の概念が権利のそれに対して優先されるということに同意することによって、かくしてシモーヌ・ヴェイユは、ソクラテスやプラトンに暗黙のうちに従うことになる。彼らにとっては、不正を被ることは不正を犯すことに比べればそれほど重大な事態ではないのである。「自分の義務の重要性を知ることは、他人を苦しめる恐れがあるということを強調することであるが、他方、自分の権利の重要性を知ることは、他の人々があなたを苦しめるのを見ることになるのではないかという不安を強調することである[30]」。

人を苦しめることのないように警戒するということは、それゆえ、人間がさまざまな欲求に従うしかない以上、「普遍的」及び「永遠の義務」である。ところで、気まぐれや悪徳とは区別されるこうした欲求には二種類ある。すなわち、〔一つ目は〕身体的欲求であり、それはあらゆるものの中で最も重要で最も自明な食べることの欲求——なお、シモーヌ・ヴェイユは「私は誰一人として飢えに苦しむままにはしなかった」という古代エジプトの最も古いテクストと、同じようにまた、「私は空腹だったが、汝は私に食物をくれなかった」という新約聖書の言葉を拠り所として持ち出しているが——、また暖かさ、睡眠、衛生などの欲求である。ところで、たとえ魂と身体という二つの用語の組み合わせが驚くに足るものだとしても、魂にもまた欲求がある。「魂はさまざまな欲求を持つが、それが満たされない時には、飢えて、手足を失った身体に近い状態にある[31]」。このような欲求は、一人ひとりに関わりがあり、それらは「聖なるもの」である。このように、それらの欲求のそれぞれに義務が対応しており、その義務の目的は人間存在そのものなのである。そして、シモーヌ・ヴェイユは、いわば前例のないこと（*nemo ante me*）を述べた。魂の諸欲求についてのこうした研究がなければ、統治は「偶然に掻き乱される」ことを強いられるのであり、彼女が「いくつかの指示」を提案するのはそのためなのである（*E.* p. 18〔上・一七頁〕）。シモーヌ・ヴェイユが政治の責任者たちに促すのは、想像力の発揮であり、「現代の生活において、不正や嘘や醜さの下で魂を押し潰すすべてのものを見抜き、なくしてしまうことを目指す[32]」かつてない別の諸制度を発明することである。身体の欲求と比べるとはっきりとは認められないが、魂の諸欲求も同じように必要なものであり、誰かがそれらに反対するなど考えられないだろう。「誰もが身体を傷つけなくとも、人間の生を傷つけるような残酷さというものがあることを自覚している。それこそ人間から魂の生に必要な糧を奪い取る残酷さである」（*ibid.*, p. 14〔上・一四頁〕）。その必要な糧のリストを作成するには、飢えた人に食物を与える無条件かつ永遠の義務から始めて、「アナロジーによって」進めていくだけで十分である。というのも、魂もまたそれが必要とする精神的糧を奪われているからである。このような糧を魂に与えることはまた義務の対象となり、さらには「この世界とは異質な現実に人間を結びつける絆[33]」に対するわれわれの尊重の間接的な証拠となる。シモーヌ・ヴェイユは、魂のさまざまな欲求を列挙するが、その大部分は何対かの対立物によって類別される。「人間に対する義務宣言のための研究」では、それらは全部で一六であるのに対して、「プレリュード」では一四しかない。すなわち、秩序、自由、従順、責任、平等、ヒエラルキー、名誉、懲罰、言論の自由、安全、危険、私有財産、共有財産、そして真理である。「孤独、親密さ」――「社会的生活」の組は入っていない。同様に、「共同の仕事への参加／自発性」は「責任」を優先したために消えた。その代わりに、「プレリュード」で第一の欲求と名づけられた「秩序」は、「研究」には記載されていない。それが代わりのものをもたないのは、おそらくそれが第一のものであるだけではなく、「まさに本来の意味での諸欲求の上にさえ」(*ibid*., p. 20〔上・二〇頁〕)位置するものだからである。シモーヌ・ヴェイユはそれを次のように定義した。「魂の第一の欲求、その永遠なる運命に最も近いところの欲求、それは、秩序、すなわち、他の諸々の義務を遂行するために、誰も厳格な義務に違反するように強いられることのないような、社会的関係の織物である」(*ibid*., p. 18〔上・一八頁〕)。すべての義務が両立できるような秩序の存在を保証するものは何もない。しかしながら、世界の美の観想、芸術作品、善への欲望はどれも、同じようにわれわれの歩みを保証してくれるかもしれない「羅針盤」である。それは「案内人はいないが、自分が辿ろうとする方向を絶えず考えながら、夜道を歩く人間」(*ibid.*, p. 20［上・二〇頁］)のようなものである。魂が何よりも必要とする欲求について言えば、それは「多くの自然的環境に根を張り、それらを通して宇宙と交渉を持つこと[34]」である。たとえこの欲求が、厳密に言えば、「プレリュード」の「リストに載って」いないとしても、それにもかかわらず、それは「根こぎ」と題された第二部の最初の頁から次のような言葉で現れる。「根をもつことは、おそらく、人間の魂のうちで最も重要でかつ最も無視された欲求である。それは定義するのが最も難しいものの一つである。人間存在は、ある種の過去の宝物と未来への予感を生き生きと保持し続けているような現存する集団への、現実的で、能動的で、そして自然的な参加によって根をもつのである(*ibid.*, p. 61［上・六四頁］)。根の空間的メタファーが指示するものとは反対に、シモーヌ・ヴェイユにとって、根をもつことは、いかにして時間的次元に結びつけられるかがここにはっきりと現れている。彼女は『カイエ』において次のように書く。「人間が現実的であるのは、内面的には過去と未来との関係としてでしかない。人間から過去か未来を、あるいは過去も未来も奪う者は、人間に可能な限りの最も大きな損害を与えることになる[35]」。根をもつことの欲求があらゆるものの中で最も重要なものであるということは、そもそも『根をもつこと』の英訳のタイトル《*The Need for Roots*》[36]が示している通りである。シモーヌ・ヴェイユは自然的環境という語が何を意味しているかを詳細に語っている。すなわち、それは「故郷であり、言語や文化によって、また共通の歴史的過去、職業、地方性……によって定義された環境[37]」である。それゆえ、このような魂の諸欲求が満たされうるのは、次のような集団の内部においてでしかないだろう。すなわち、その集団とは「それに属している人々の魂に宇宙のどこにもそれに相当するものがない［ような］糧を与える」（*ibid*., p. 15［上・一五頁］）集団である。したがって、「人間を根こぎにしてしまうか、あるいは人間が根づくのを妨げるという結果をもたらすあらゆるもの[38]」は、犯罪的であることが分かる。

こうした主張を考慮に入れると、シモーヌ・ヴェイユの個人的な立場は逆説的にしか見えないかもしれない。事実彼女は、実際に自分が属していた「自然的」環境――教養市民層、ユダヤ教、教員集団――に根づいているとは感じられなかったが、それ以上に彼女があえて探し求めた環境のいずれにも根を下ろすことはなかった。すなわち、革命的な労働組合運動、一八カ月間工場で働くことで身をもって状況を分かち合おうとした労働者の世界、そして同じく農業の世界にも根を下ろすことはなかった。彼女は、全力でユダヤ教を拒否しながらも、改宗の一歩を踏み出す決心がつかなかったとはいえ、それでも教会の敷居の上で待ち続けた。シモーヌ・ヴェイユは集団的感情を、すなわち集団から生じる力を非常に恐れていた。しかし、どんな環境であれ所属することの拒否や「われわれ」と言うことへの拒否を、また「一人でいること、異邦人であること、そしてどんな人間の環境であれ例外なしにそこから離れていること」（*AD*, p. 26.［著④二一頁］）という彼女の決然たる意志を説明するのに、はたしてそれだけで十分なのだろうか。「自分を根こぎにしなければならない。木を切って、それで十字架を作り、そしてそれを毎日身に付けること」。シモーヌ・ヴェイユにおける、根をもつことの欲求と根こぎへの欲求との、また執着と脱我との、このような奇妙な弁証法をこそ、われわれは探求するつもりである。

**注**

（1）*Réflexions sur les causes de la libreté et de l'oppression sociale*, *OC*, II, *EHP*, 2. *L'Expérience ouvrière et l'adieu à la révolution* (*juillet 1934-juin 1937*), textes rassemblés, introduits et annotés par Géraldine Leroy et Anne Roche, Paris, Gallimard, 1991; repris dans *Œuvres*, p. 273-348. それ以前に一九三三年の以下の論文がある。«Perspectives. Allons-nous vers une révolution prolétarienne?», *OC*, II, *EHP*, 1, *L'Engagement syndical* (*1927-juillet 1934*), textes rassemblés et annotés par Géraldine Leroy; repris dans *Œuvres*, p. 249-272.（『自由と社会的抑圧』冨原眞弓訳、岩波文庫、岩波書店、二〇〇五年）

（2）«Luttons-nous pour la justice?», *EL*, p.47.（「われわれは正義のためにたたかっているか?」『ロンドン論集とさいごの手紙』五〇頁）

（3）Marie-Madeleine Davy, *Simone Weil*, préface de Gabriel Marcel, Paris, Éditions universitaires, 1956, p. 76.（マリー＝マドレーヌ・ダヴィ『シモーヌ・ヴェイユの世界』山崎庸一郎訳、晶文社、一九六八年、八九頁）

（4）Lettre à ses parents (22 janvier 1943), *EL*, p. 227.（「父母への手紙（一九四三年一月二二日）」二八六頁）

（5）Lettre à Georges Bernanos (1938), *Œuvres*, p. 405.（「ベルナノスへの手紙」『シモーヌ・ヴェーユ著作集I』所収、渡辺義愛訳、春秋社、一九六八年、四七一頁）

（6）*SP* I, p. 165.（『詳伝シモーヌ・ヴェイユI　一九〇九―一九三四』杉山毅訳、勁草書房、一九七八年、一二六頁）

（7）«Note sur la suppression des partis politiques», *EL*, p. 148.（「政党全廃に関する覚え書」『ロンドン論集とさいごの手紙』一七五頁）

（8）«Perspectives. Allons-nous vers la révolution prolétarienne?», *La Révolution prolétarienne*, n° 158, 25 août 1933; *OC*, II, *EHP*, 1. p. 261.（「展望――われわれはプロレタリア革命に向かっているか？（要約）」『シモーヌ・ヴェーユ著作集Ⅰ』所収、一一三頁）

（9）«Examen critique des idées de révolution et de progrès»[fin 1937 ?], *OC*, II, *EHP*, 2, p. 146.

（10）«Perspectives. . .», *OC*, II, *EHP*, 1. p. 265.

（11）«Perspectives. . .», *OC*, II, *EHP*, 1. p. 277.（「展望――われわれはプロレタリア革命に向かっているか？（要約）」一一七―一一八頁）

（12）«Journal d'usine», *OC*, II, *EHP*, 2, p. 154.

（13）Lettre à Maurice Schumann（New York, non datée）, *EL*, p. 199.（「モーリス・シューマンへの手紙（ニューヨーク、日付なし）」）

（14）Lettre à ses parents（22 mai 1943）, *EL*, p. 237.（「父母への手紙（一九四三年五月二二日）」三〇二頁）

（15）*Œuvres*, «Introduction», p. 33.

（16）J. Cabaud, *Simone Weil à New York et à Londres*, p. 46.（J・カボー『シモーヌ・ヴェーユ最後の日々』山崎庸一郎訳、四五頁）

（17）Lettre à ses parents（18 juillet 1943）, *EL*, p. 250-251.（「父母への手紙（一九四三年七月一八日）」三一四頁）。一九五二年にエリオット・トマス・スターンは『根をもつこと』の英訳（*The Need for Roots. Prelude to a Declaration of Duties Towards Mankind*, Routledge Chapman & Hall, 2001.）の序文の中で、「われわれはそれを望むことしかできないが、［このテクストの］影響力は次の世代の精神的態度に現れるだろう」と書いていた。

（18）J. Cabaud, «Albert Camus et Simone Weil», CSW, VIII-3, septembre 1985, p. 295.

（19）A. Camus, «Simone Weil», *Bulletin de la NRF*, juin 1949; repris dans *Œuvres*.

（20）S. Weil, *Œuvres complètes*（*février–juin 1942*）, t. VI, *Cahiers*, 3, *La porte du transcendant*（*OC*, VI, 3, *K9* [*ms.* 14]), textes établis et présentés par Marie-Annette Fourneyron, Florence de Lussy et Michel Narcy, Paris, Gallimard, 2002, p. 163.（『カイエ3』冨原眞弓訳、みすず書房、一九九五年、二二六頁）

(21) とりわけ、以下を参照。Patrice Rolland, «Approche politique de l'Enracinement», *CSW*, VI-4, décembre 1983, Alain Birou, «Enracinement, obligation, surnaturel et *metaxu*», *CSW*, VIII-1, mars 1995, et Domenico Cancani, «Un texte de circonstance ? À propos et autour de Simone Weil», *CSW*, XXII-1, mars 1999, p. 84.

(22) H. Arendt, *Journal de pensée*, éd. U. Ludz et I. Nordmann, trad. de l'allemand et de l'anglais, et postfacé par S. Courtine-Denamy, vol. I, Cahier II, [9], octobre 1950, Paris, Éd. du Seuil, coll. «L'Ordre philosophique», 2005, p. 54.（ハンナ・アーレント『思索日記1』U・ルッツ／I・ノルトマン編、青木隆嘉訳、法政大学出版局、二〇〇六年、五八頁）

(23) われわれは義務（*devoirs*）と責務（*obligations*）という語を強調する。

(24) «La Personne et le sacré», *EL*, p. 12.（「人格と聖なるもの」『ロンドン論集とさいごの手紙』所収、四頁）

(25) «Étude pour une déclaration des obligations envers l'être humain», *EL*, p. 74.（「人間に対する義務宣言のための試論」『ロンドン論集とさいごの手紙』所収、八四頁）

(26) «La Personne et le sacré», *EL*, p. 23.（「人格と聖なるもの」一九頁）

(27) *Ibid.*, p. 24-26.（同書、二二—二三頁）

(28) J.-M. Perrin et G. Thibon, *Simone Weil telle que nous l'avons connue*, p. 86.

(29) «La Personne et le sacré», *EL*, p. 26.（「人格と聖なるもの」二三頁）

(30) Lloyd Reinhardt, «Les besoins de l'âme», dans *Simone Weil, philosophe, historienne et mystique*, Paris, Aubier, 1978, p. 212.

(31) «Étude pour une Déclaration des obligations envers l'être humain», p. 81.（「人間に対する義務宣言のための試論」九三頁）

(32) «La Personne et le sacré», *EL*, p. 44.（「人格と聖なるもの」四六頁）

(33) «Étude pour une Déclaration des obligations envers l'être humain», p. 74.（「人間に対する義務宣言のための試論」八五―八六頁）

(34) *Ibid.*, p. 83.（同書、九五頁）

(35) *OC*, VI, *Cahiers*, 2, *K4* [*ms.* 65], p. 106.（『カイエ1』山崎庸一郎・原田佳彦訳、みすず書房、三八二頁）

(36) *The Need for Roots*.

(37) «Étude pour une Déclaration des obligations envers l'être humain», *EL*, p. 83.（「人間に対する義務宣言のための試論」九六頁）

(38) *Ibid.*（同書）

# 第三章　根こぎの病い

「ヨーロッパは他の大陸や火星から来た遊牧民たちによって征服されたことはないし、また彼らがやって来たとしても追い払うだけで十分であろう。ヨーロッパは内的な病いで苦しんでいる。ヨーロッパは治癒を必要としている……」（『ロンドン論集とさいごの手紙』(*EL*, p. 107〔一二四頁〕)）。

根をもつことの欲求が「最も重要なもの」であるとはいえ、それはまた「最も無視されてきたものであり〔……〕定義するのが最も難しいもののうちの一つである」(*E*, p. 61〔上・六四頁〕)。だからこそ、文明に根ざした実存がどのようなものであるかをはっきりさせるには、根こぎと根こぎの諸原因の分析的記述を我慢して受け入れなければならない。そして、『根をもつこと』は、事実、「労働者の、農民の、ネーションとしてのフランスがその魂と安定性を失ってしまった」[1]仕方の分析を提供したのである。この分析は、純粋に理論的というのではない。すなわち、シモーヌ・ヴェイユは「国家の瞬間的な、目がくらむような解体に立ち会い」、敗北によって辱められたフランスの女性という自分の経験を拠り所にしている――たとえ、一九四三年に彼女が『根をもつこと』を書いた時に、苦しみに耐えるという重圧とドイツ軍の占領の重圧の下で、英国の抵抗を手本にして、ドイツ敗北への希望を持つことによって、国民的感覚が戻ったかのように見えたとしても（*ibid.*, p. 131［上・一四五頁］）。しかし、彼女は現実の体験にも拠り所を求める。というのも、彼女は、労働者の状況だけではなく、農民の状況をも個人的に体験しようと望んだからである。

## 「労働者階級の中をぶらつくこと」

われわれが述べたように、一九三四年から、実際にシモーヌ・ヴェイユは労働者の現状を学ぶために、文部省の休暇を取った。それに先立って彼女は、スピノザの『神学・政治論』から取られたエピグラフ、すなわち、「人間に関わる事象については、笑うのでも、泣くのでも、憤るのでもなく、理解すること」という言葉を掲げた『自由と社会的抑圧の諸原因についての考察』をどうしても完成させたいと思っていた。それゆえ、彼女は、自分がテクストを通して垣間見ただけにすぎなかったことを理解し、検証し、場合によっては「誤った観念を修正する」ことを望んだ。彼女は、十二月四日に、「切断工（すなわちプレス工）」としてアルストン工場にもぐり込んだ。それは彼女の友人、ボリス・スヴァーリンの紹介のおかげである。シモーヌはボリスとは一九三二年に出会ったが、彼は『社会批評（*Critique sociale*）』誌の主宰者であり、その工場の代表取締役であるオーギュスト・ドゥトゥーフの知り合いであった。コミンテルンの元メンバーであるボリス・スヴァーリンは、フランス共産党の創設者の一人である。自分自身も一三歳の時から労働者であった彼は、最初ためらいがあったが、最後にはシモーヌ・ヴェイユの執着の強さを受け入れた。シモーヌ・ヴェイユの歩みからはどうしても労働司祭のそれを思わないわけにはいかないが、それはまたおそらくあの別の哲学者、デカルト——元々彼女が卒業論文「デカルトにおける科学と知覚」で取り上げた人物——、それももっと広い世界と向き合おうと決心した時のデカルトをも思わせる。また、ルピュイの昔の教え子の一人への手紙の中で、シモーヌ・ヴェイユはさまざまな抽象的な事柄から逃れ、現実の人間たちと触れ合ったことの幸福に言及している。[2] この経験を労働者たちが日常的に体験していることと最も近いものにするために、シモーヌ・ヴェイユは自分の環境から離れ、小さな部屋を借り、自分の健康が損なわれる恐れがあるような苦行生活を自分自身に課した。ニコラ・ラザレヴィッチへの手紙において彼女は、「私には耐えられなかった[3]」と認めている。一九三五年二月一〇日から二五日まで、彼女は実際に病気で休んだ——「私は風邪をひいて、貧血になったため、休まざるをえなかった」、と彼女は書いている——が、それでも彼女は工場に戻った。

この経験について、『労働者の条件』という共通の題名の下にまとめられた二つの証言が残っている。

一つ目はシモーヌ・ヴェイユがアルストン工場にもぐり込んだ日から書き始めた「工場日記」、二つ目はその一章を労働者の条件に当てられたジュール・ロマンの『善意の人々』の第九巻を読んだ後に、一九三五年末に書かれたテクスト、「工場生活の経験」である。(4) 彼女が同意しなかった、労働者の現状に対するジュール・ロマンの解釈の仕方に反撥して――「悪が何に存しているかということをはっきりと見ようともしないで」、すなわち、彼女とは逆に、工場生活に直接触れもしないで、「いかにしてそれを廃止するというのか」――、シモーヌ・ヴェイユは長い手紙を書き始めたが、それは結局彼に送られることはなかった。一九四一年にマルセイユで、彼女はこの手紙を論文の形式で書き直し、『経済とヒューマニズム（*Économie et humanisme*）』誌(5)に、エミール・ノヴィス(6)のペンネームで発表した。工場は生活環境の一つであり、それは、彼女の言葉によれば(7)、「大工場での労働への参加がもたらす集団生活の力強い感情――一体感とも言えるかもしれない――によって魂を満たしうるかもしれない。すべての騒音は意味を持ち、すべてにリズムがあり、それらは、参加が快感であるような、共同労働の一種の大きな息吹において一体化する［……］。もしも工場生活がそうであったら、それはあまりにも美しすぎるというものであろう。しかし、実際には、工場生活はそうではない」。事実シモーヌ・ヴェイユは、そこで根をもつという経験をするどころか、ずっとそこで働き続けている労働者たちと同様に――言葉はきついが――奴隷状態、流刑、根こぎの経験をした。「ここ数年の間、われわれは、工場労働者たちが実際に自分たちの故国の地でいわば根こぎにされ、島流しにあっていると感じている」（*OC*, II, *EHP*, 2,

p. 289〔著②一七〇頁〕)。

最初の〔リセへの〕任命の際にルピュイで出会った組合員の友人の小学校教諭、アルベルティーヌ・テヴノン宛ての手紙の中で、彼女は、この生活が彼女にとってどれほどきつく思われるかということを率直に認めており、そこでの細分化された労働の非人間性、官僚主義的組織、平凡な仕事のために求められる極端な集中力を記述している。「五〇個の部品を六分で作る代わりに五分で作ること〔……〕。幸いにも、身につけるべきさまざまなこつがあり、このことは時々このような速度の追求に面白さを与えはするのだが(8)」。彼女は、ボルシェヴィキの大物たちをばかにしていた。彼らは決して工場に足を踏み入れたことがなかったにもかかわらず、依然として自由な社会の創造を強く望んでいた。それゆえ、彼女には、政治が「くだらない冗談」であるように見えた(*Œuvres*, p. 142〔著①一六五頁〕)。彼女は、たとえ彼女が自分自身の持つ尊厳という尊厳や自尊心という自尊心をすべて失ったとしても暴動へと駆り立てられるどころか、「あきらめた馬車馬」のように従順になったことを驚きをもって認めている(*ibid.*, p. 145〔著①一八三頁〕)。しかも彼女は、「工場日記」において、自分の休日が取り上げられそうになった事態に直面した時に、再度このイメージを取り上げている。「外的な状況に対して依存しているということを認めることによって、私は激しい恐怖にとらえられる。もっとも、このような依存を認めるには、そうした外的状況によって、私が、いつの日か週ごとの休みのない労働を強いられるというだけで十分であろう――要するに、こうした事態はいつも起こりうることであるが――し、その結果、私は従順で観念した馬車馬のようなものになるだろう（少なくとも私にとっては）[9]」。というのも、シモーヌ・ヴェイユが自分を再び見出したという印象を持つのは、また、「彼女の精神の中で観念の諸断片に思いを巡らす能力[10]……」を再び獲得するのは、それ以降、この日だけだからである。少なくとも日曜日の夜までは、そうである。なぜなら、「精神に現前するものが、一日ではなく、まるまる一週間である時、未来は何かあまりにも陰鬱で、あまりにも耐えがたいものであり、それによって思考は弱ってしまうからである[11]……」。その時心を締めつけるのは、恐怖であり、恐れである。「私は不安とともに起き、恐怖とともに工場へ行き、〔……〕五時四五分に帰宅し、ただちに十分に眠りたいと思いながら（私がしなかったこと）、あまりにも早く目覚めてしまうのを心配する〔……〕奴隷のように働いた。時間は耐え難い重みであった」（*OC*, II, *EHP*, 2, p. 253〔『工場日記』一七三―一七四頁〕）。「生命のない物体のように」我慢しなければならないさまざまな秩序の反復、すなわち、黙って従わなければならない速度やリズムの反復への恐怖は、どんな意識をも邪魔立てする。その結果、「思考は〔手術用の〕メスの前で収縮する肉体のように、縮こまり、収縮する[12]」。奴隷状態の恐怖、すなわち「工場にいる人々〔……〕は自由な人間ではなく[13]」、もはや「機械の付属物や物以下」でしかないような状態に置かれている（*E*, p. 75〔上・八〇頁〕）。というのも、彼らが一日に一〇時間も携わる機械は、彼らにとって、一つの完全な「神秘」だからである。シモーヌ・ヴェイユは、〔彼らが〕もはや独自の存在として生きてはいないという感情を、すなわち、労働者たちはいわば「母親が自分の子どもを静かにさせておくために、飴をあげると約束することで下らないことをして何とか喜ばせようとする子どものようなものである[14]」という感情を持っている。そして彼女は、まるでタコ部屋のような職場から出た時、バスに乗る権利があるということに驚嘆する。「奴隷状態は、私から、私には権利があるという感情を奪い取った」（*OC*, II, *EHP*, 2, p. 234〔『工場日記』一四一頁〕）。

奴隷状態だけではなく、シモーヌ・ヴェイユは労働者の疎外、労働者が耐え忍ぶ亡命者の条件を告発した。「時間は労働者には長かったし、労働者は亡命を生きていた。労働者は一日を自分の家にいるのではないような場所で過ごした[15]」。この追放の感情は、彼の労働の場所との親密さの欠如と結びついている。「〔始業の〕鐘が鳴っていなかったので、上司たちが通り過ぎていく開いたドアの正面で、女性たちが工場の前で土砂降りの雨の中一〇分も待っているのを見ることができる。これが労働者たちなのである。このドアは、彼女らには、ごく自然に避難のために入るどんな知らない家のドアよりも疎遠なものである（*ibid.*, p. 298–299〔著②一八二頁〕）。工場で自分の家にいるようにくつろぐ機械とは反対に、労働者の方は工場で島流しにあい、よそ者化している。工場で労働者は、機械とその機械で加工される部品とに近づくことしか認められていない。労働者は機械を使うというよりも、むしろ機械に奉仕するのである。シモーヌ・ヴェイユの指摘によれば、逆説的に言えば、一九三六年の大規模なストライキの時にこそ、労働者たちは工場を占拠し、自分たちが日常的に働いている場所に家族を呼び寄せることによって、工場で自分の家にいるように思って、「子どものような喜び」を強く感じた（*ibid.*, p. 300〔著②一八四頁〕）。フランスの労働者とフォードの移民労働者とはまるで比較になりえないと考えたベルナノスとは逆に、シモーヌ・ヴェイユは、「たとえフランスの労働者たちが地理的にその場に留まっていたとしても、精神的に根こぎにされ、島流しにあい、そしていわばお情けによって働く肉体という資格で再度工場に入ることが認められたにすぎない[16]」とみなす。根こぎは、失業者の場合に最悪なものとなる。失業者は経済生活の面ではゼロであり、彼の投票用紙は意味を持たない。「失業は言うまでもなくとてつもない根こぎである」（*E.* p. 63〔上・六七頁〕）。一九三四年以降、シモーヌ・ヴェイユは失業者を、弓もなく無人島に置き去りにされたソフォクレスの悲劇の英雄フィロクテテス〔弓の名手〕になぞらえたが、いずれも人間のもろさと孤独のドラマを例証化するものである。異邦人、亡命者、根こぎにされた者、これら三つの語は、それゆえ、シモーヌ・ヴェイユにとって、同義語なのである。彼女は『工場生活の経験』においてだけではなく、未完の悲劇『救われたヴェネツィア』や『根をもつこと』においてもこのテーマに大いに関心を示していた。

亡命とは思考の亡命〔考えることから切り離されること〕であり、現在、リズム、調子に閉じ込められることである。「生命のない事物にふさわしい時間に対するある種の関係がある。また、思惟する被造物にふさわしい時間との別の関係がある。この二つのものを混同するのは、間違いである」（*ibid.*, p. 83〔上・八八頁〕）。労働者がここで奪われているのは、自発性であり、責任であり、自分が役に立っているということや自分の性格が欠かせないものだという感情である。すなわち、このような「人間の魂の生命的な諸欲求」(*ibid*., p. 14〔上・一四頁〕)である。一九三五年の七月二九日に、シモーヌ・ヴェイユが、同僚たちに逆らって、「今夜か明日に私は逃げなければならない[17]」とまだ言うことができたとしても、しかしながら、間もなく、疲労が彼女に工場に滞在することの真の理由を忘れさせ、やがて彼女は「機械が思考に対して、仕事がうまく行ったと意識するだけのようなごくわずかなものであっても介入の余地を残すことはない」(*ibid*., p. 261)ということを認めるようになるだろう。不幸の最初の結果は「思考が逃亡しようとする[18]」ことであり、少しでも「思考が目覚めることが苦痛である[19]」ということである。シモーヌ・ヴェイユといえども、工場生活によって苦しまないためのただ一つの方法である、もはや考えないという誘惑にやがて負けてしまうことになる。二度の停職処分の後、手を負傷したシモーヌ・ヴェイユは、一九三五年四月五日にアルストン工場を離れた。

四月一一日に、彼女は「第二の仕事場」、ブーローニュ、ビヤンクール市の、バス・アンドル鉄工所、J-J・カルノー工場に入る。「徒刑場を思わせるような場所(狂暴なリズム、たびたび切断される指、情け容赦ない解雇)……」(*ibid*., p. 223〔『工場日記』一二二頁〕)。あまりにも遅く下手くそなため、彼女は〔会社からの〕要求を達成できなかった。そんな時彼女は、一日が終わって、自分の仲間たちが自宅に戻っているにもかかわらず、激しい怒りを抱え、セーヌ川のほとりの石にすわって、「私がこのような生活を余儀なくされるようになったら、毎日セーヌ川を渡るたびに毎回一度はそこに飛び込まずにはいられないのではないか」と自問する(*ibid*., p. 222〔『工場日記』一一九頁〕)。五月七日、彼女は解雇された。

彼女は、「二度目の職探し」と書く。最後になった給料で生活していたので、彼女は「交通費込みで、一日三・五フランしか使わないと決心する。空腹感が普通のことになる……」(*ibid.*, p. 226〔『工場日記』一二八頁〕)。彼女の頭痛は悪化していった。六月六日に、彼女はルノー工場に入り、八月二二日までそこに留まることになる。たとえ彼女が朝に苦しみと不安とを感じたとしても、たとえ彼女が初めは日々「疲れ果てて」いたとしても、それでも彼女は、一層危険なものとはいえ、以前の仕事よりも簡単な、この旋盤工の仕事にはうまく適応していたように思われる。「工場日記」の中で、彼女は、六月二一日金曜日の日付で次のように書いている。「二五二五個の部品〔……〕少しでも自分の記録を更新するために。オーギュスト・コント通りに戻る。メトロで眠る〔……〕ひとたび帰宅すれば、とても元気。横になり、午前二時まで読書」(*ibid.*, p. 231〔『工場日記』一三五頁〕)。『根をもつこと』においては、シモーヌ・ヴェイユにとって、奴隷状態は文化の獲得への第三の障害であったが[20]、――「一時間か二時間の間は、思考する存在として、自由で威厳があり、一日のそれ以外の時間は奴隷であるということは、非常に悲痛な隔たりであるので、そこから逃れようとして、最も高度な形態の思考を諦めないということはほとんど不可能である」――しかしながら、彼女の場合、依然として読む力や考える力を維持し続けた。六月二二日に彼女は、このような比較的ましな状態を次のように追認している。すなわち、「奴隷状態の印象はさほどでもない」。そして七月一七日には、「心配していたよりも苦しみ(精神的)は少ない。私は気軽にくびきにつながれている」。しかし、晴れ間は続かず、困った出来事が頻発する。シモーヌヌ・ヴェイユは、「怒鳴りつけられるのを怖れ」、「心は冷え切り[21]」、それに「心底うんざり」してしまい、「脱走」を待ち焦がれるようになった。

「不幸ほど知るのが難しいものはない。不幸はいつも神秘であり、無言である……[22]」。シモーヌ・ヴェイユはそのように書いている。そこにただの「遠足（excursion）」しか見なかったポール・ジニウスキーが彼なりの言い方で「インチキな経験[23]」と呼んだ、この「見習奉公」によって、彼女は何を得たのだろうか。というのも、一方では、工場に入るためには、彼女には推薦状が必要だった――彼女には「コネ」があった――からであり、そして他方では、彼女は、この〔工場への〕闖入（incursion）がそれを決心すれば終わりが来るということを、またその時には、一時的に女中部屋に逃亡していても、両親の豪奢なアパートに再び戻ることができるということを知っていたからである。ここで告発されていることは、シモーヌ・ヴェイユの歩みの「人工的な」側面である。ところで、彼女自身はこの反論を予想し、予告さえしていた。真正な経験の鍵となるのは、たとえそれが一つの「経験」に留まっている場合でも、その経験を試してみようとする者に対して、内観や単なる観察を拒絶することにある。そして、このように試みる者が他のところからやって来てまた戻っていくのを「忘れた」後、「この人物が自分自身で体験したことと、彼自身が顔や目や身ぶりや態度や言葉や大小の出来事の中に読み取ったこととを絶えず」比較し、「彼は自分の中に不幸にも伝達しがたい確信の感情を自分で作り出すのである[24]」。労働者に溶け込むことによって、また、彼女が言うように、実際に「労働者のうちの一人」（AD, p. 7〔著④一九六頁〕）になることによって、シモーヌ・ヴェイユが体験したことは、一つの「経験」に属しているというよりも、ペラン神父が言うところの、「現実的で全体的な受肉」（*ibid*., p. 7〔著④一九六頁〕）に属しているのだろうか。しかも、彼女自身、一覧表を作成している。〔第一に〕「それが何であれ、何に対してであれ、どんな権利も持っていないという感情」、このことは、われわれが見てきたように、権利に対する義務の優位を認めることによって、彼女が『根をもつこと』において忘れずにいたことである。〔第二に〕逆説的になるが、「自分から見て屈辱感を持つことなしに、永続的な潜在的屈辱状態を生きる」という誇り。最後に、それはまさしく彼女が追求してきたことであるが、「生活との直接的な接触」である。[25]一九三五年末のアルベルティーヌ・テヴノンへの手紙において、彼女は次のように書いている。「私はこの数カ月の奴隷状態にとても苦しみましたが、そのような日々を過ごさなかった方がよかったとは決して思いません。この奴隷状態を通して、私は自分自身を試煉にかけ、私が想像するだけであったすべてのものに指で触れることができました。私がそこに行った時とは全く別人になって、そこから出てきました――肉体的には疲れ果てていますが、精神的には堅固になって」。[26]日記において、「入る時に、タイムカードと一緒に魂を預けて、出口で無傷のまま返してもらえたら！」[27]と心から願った彼女は、他人の不幸との接触が身体だけではなく、自分の魂をも打ち砕いたということを認めている。「工場で何年か過ごした後〔……〕私の魂と身体はいわば粉々になってしまいました。この不幸との接触は、私の青春時代を殺しました。それまで私は、自分自身の不幸を除けば、不幸というものを経験したことがありませんでした。自分の不幸など、私には、それほど重要なものとは思えなかったですし、しかも私の不幸は、生物学的なものであって社会的なものではなく、生半可な不幸にすぎませんでした。世界にはたくさんの不幸があるということを私はよく知っていましたし、私はそのことに悩まされてもいました。［……］他の人々の不幸が私の肉体や私の魂に入ってきました［……］。ローマ人たちが最も軽蔑されていた奴隷たちの額につけた灼熱の鉄の烙印のように、私はそこで永遠に奴隷の烙印を受けました」[28]。シモーヌ・ヴェイユがこの奴隷の宗教であるキリスト教に出会ったのは、この工場生活の経験の結果である。このことは後でまた取り上げることにしよう。

彼女が体験した試煉のすぐ後で、シモーヌ・ヴェイユは「労働が悪夢に彩られるのに対して［……］詩作としての労働に光を当てる」(*E*. p. 83［上・八九頁］）ために、いくつかの提案を行った。ところで、当時流行していたいかなる観念も、彼女には検討に耐えうるものではないように思われた。革命の仕事とは人間を労働から解放することであると考えたカール・マルクスの予言は、現実のものとはなりえないだろう。というのも、一方では、シモーヌ・ヴェイユにとって、人間になるということは、世界に対して人間の意志を介在させること、必要性と物質に立ち向かうこと、を前提としているからである。「労働と都市がともに生まれた時、人間という動物は人間になった」[29]。たとえ労働がわれわれを幼少期の楽園や最初の無為から遠ざけるとしても、たとえ労働が永遠や想像的なものからわれわれを引き離しわれわれを現実と接触させるとしても、労働は人間の本質の不可欠の一部をなしている。また他方では、マルクスの予言では、現代の技術が十分に発展して個人に充足感や余暇を存分に保証できるようになるとみなされているからである。シモーヌ・ヴェイユによれば、そこで問題になっているのはユートピアなのである。「決していかなる技術も、人間たちを、彼らが使う機械設備を額に汗して絶えず更新し調整することから解放することはないだろう」（OL, p. 43［三二頁］）。それに、余暇の社会であっても、解決とは言えないだろう。というのも、人々は、彼らを熱中させる唯一の活動に、すなわち他の人間の支配に駆り立てられているからである。したがって、労働が依然として思考と活動との一致の場所であるとすれば、奴隷的でない労働の可能性の諸条件を見出す課題に取り組む方がましである。なぜなら、シモーヌ・ヴェイユにとって、もしも労働が人間をその人間性に到達させる活動であるとすれば、思考、すなわち諸観念の形成はその活動の必要不可欠な補完物だからである。一九三三年に誕生し、ロベール・アロン、アルノー・ダンディユー、そしてドニ・ド・ルージュモンがその委員会のメンバーであった雑誌を持っていた新秩序（Ordre nouveau）運動は、次のような提案を行った。それは、一八カ月にわたる市民の義務的奉仕期間を設ければ、社会全体に自動的かつ非人間的労働の全部を分担することができるという提案であった。しかし、この提案に対して、シモーヌ・ヴェイユは反対する。「あるひとたちは、労働時間の短縮を、しかも滑稽なほど大げさに予告するが、人民を無為な大衆に変え、彼らを一日二時間奴隷にしてしまうことは、たとえそれが可能であったとしても、望ましいことではないし、それが物質的に可能であったとしても、精神的にはありえない。誰も二時間奴隷であることを受け入れないだろうし、それが受け入れられるためには、人間の中の何ものかを破壊するほど毎日奴隷状態が続かなければならない[30]」。

「工場を喜びの場所」にするために、シモーヌ・ヴェイユが検討した方策は、生産の世界の再編成と文化の再編成とに依拠するものであった。その目的は、この二つの場合とも同一である。それはいわば、労働者が仕事の場所でも思考の世界でも同じように自分の家にいるように感じることができるようにすることである。自宅で働くのであれ、田舎のあちこちに振り分けられ、協同方式で組織された小さな工房で働くのであれ、そこで働く労働者たちを分散させることによって、大きな工場がそうであるところの「工場生産の徒刑場」を廃止すること、以上が彼女の最初の考えである。それは、労働者が自分の家やちっぽけな土地だけではなく、同じように機械の所有者でもあることを前提としている。「この三重の所有物——機械、家、土地——は、労働者に、結婚の際に、また理解力や一般教養の検査のための試験を伴う、難しい技術的テストに成功するという条件で、国家からの贈与として与えられるだろう」。移転も譲渡もできないこの所有物は、労働者の死後、国家に返還されるが、国家の方では彼の家族の幸福の保証を約束する（*E.* p. 99〔上・一〇七頁〕）。妻や子どもたちは、時々こうした組み立て工房を訪れることができるだろう——一九三六年の工場の占拠の時、そうであったように——、職業生活と家族生活との断絶を和らげるために。学校——そこでは、良い生徒であれ悪い生徒であれ、彼らは少なくとも承認されている——を出て、工場へ入って、そこで以後「最も重んじられない人々の階級」となってゆく一二、一三歳の若者たちが感じるショックを和らげるために、シモーヌ・ヴェイユは、自発性と企業の労働全体への参加を促進することによって、「刺激剤（目下のところ恐怖とカネ）」の本性を変えることを奨励する（*ibid.*, p. 74 et 75［上・八一頁］）。彼女は、不幸な人たちの庇護を怠り、とりわけ利益を守ることへの集中によって見習奉公の条件を無視することによって、自分たちの使命に背いた労働組合をはげしく非難する。その中で、唯一、彼女から見れば、思春期の労働者の世話をしたカトリック青年労働者連盟だけが例外である。「このような組織の存在は、おそらくキリスト教がわれわれの間でまだ死んでいないというたった一つのしるしである」[31]。シモーヌ・ヴェイユは、自分で作り上げる必要性を認めていたので、学校での見習い実習に反対して、学ぶことと働くことの交替の利点に言及し、労働者の大学を各組み立て工場の近くに置くことを考えた。「職業学校の長所や、工場での見習奉公の長所、今日的なタイプの職人の作業現場の長所を結合する何ものか……」（*ibid.*, p. 88［上・九四頁］）。その上、彼女自身は、まだアランの生徒だった頃に、隔週で日曜日に授業をするリュシアン・カンクエの「社会教育グループ（Groupe d'éducation sociale）」に参加したことがあった。最後に、「必要な場合には国際的な規模での」、フランス全土を修行して回る職人の制度を復活させることが、この年齢の若者たちの環境の変化への飢えを満たす手段になるかもしれない。文化的なレベルでは——今日ではそれはあまりに技術や専門化にしか向けられていない——大衆と教養のある人々との溝の縮小化は、知識の「大衆化」——「この語はその実体に負けず劣らずおぞましい」（*ibid.*, p. 89［上・九五］）——にあるのではなく、「労働者の感受性」にうまく合うように「真理の翻訳の努力、真理の転写の努力」を意味する。労働者の感受性は、ギリシアの詩にもっぱら影響されるだけである。すなわち、空腹だったエレクトラ、ある島に弓もなく置き去りにされたフィロクテテスは、失業を思って不安になる労働者の心に強い印象を与えることしかできない。彼女自身、サナトリウムで出会ったアルデッシュ県の小さな農民ジャン・ポステルナークを、あるいはまたニューヨークに向かう船上の子どもたちを、熱心に指導した。労働者たちが被った屈辱を少しでも和らげるために、また彼らの視野を広げるために、彼女は、知り合いになったロジエールの鋳造所の支配人、ヴィクトール・ベルナール技師が主宰する『アントル・ヌー（*Entre nous*）』誌のために一連の論文を計画した。しかしながら、唯一、「アンチゴネー」に関する論文が発表されたのみであった[32]。資本主義的でも社会主義的でもない、このような生活様式は「労働における人間の尊厳、すなわち精神的価値」（*ibid.*, p. 103［上・一一一頁］）の方向に向けられている。しかし、もう一度繰り返すが、シモーヌ・ヴェイユは自分の新しい社会構想の実現を図る機会について何らの幻想も抱いてはいなかった。

## 「甜菜《てんさい》の泥を落とす」

今度は農民の根こぎの現象に移ろう。ここでもまた、シモーヌ・ヴェイユは、実際に農民の辛苦を分かち合うことを望んだために、事情に通じた者として語ろうとする。彼女は、昔からずっと田舎や自然との触れ合いを好んでいたようであり、それは、一九三五年夏にユゲット・ボールに宛てた彼女の手紙が示している通りである。「田舎にいる時には私は、日中の間ずっと、どんなにくたびれていても、あらゆる機会をつかまえては干し草の取り入れ、刈り入れ、麦打ちに参加したものです。しかし、それは健康的な疲れであり、この疲労によって、私は働くことを知り、そして自然との、単なる散歩では知りえない、もっと親密でもっと現実的な関係へと入り込めたのです[33]」このような機会は、工場で働く以前に、二度訪れた。一度目は一九二七年夏であり、その時彼女はマンシュ県のグーヴィル＝シュル＝メールにいる友人ルテリエ一家の農場での農作業に参加した。二度目は一九二九年に、ジュラ県の叔母たちの一軒で、彼女が一日一〇時間ジャガイモ掘りをした時のことである。三回目の機会は、彼女の工場体験の後にめぐって来た。その時には彼女は教職を再び始めていたが、今度はブールジュである。彼女の同僚の一人、クーロン夫人が実際に彼女をベルヴィル家の人々に引き合わせたのである。ベルヴィル家の人々というのは彼女の教え子の一人の両親で、小さな耕地を所有しており、そこに彼女を迎え入れてくれたのである。彼女はそこで甜菜の泥を落とし、牛たちのために食物を用意し、乳搾りを試み、堆肥を積み上げた。要するに、すべてにわたって非常に早く適応したようである。彼女は、三月中に何度もこの農場に戻っている。しかしながら、ある日、ベルヴィル夫人はクーロン夫人に頼んで、シモーヌ・ヴェイユの来訪をもはや望んでいない旨を伝えた。その理由は、一方では、彼女が「牛の搾乳の前に手を洗わなかったことや、決して服を着替えなかったことがあった。そして他方ではとりわけ、彼女が畑で延々と、自分が近い将来のこととしてみなした、ユダヤ人たちの来るべき殉難、窮乏、強制収容所への抑留、恐ろしい戦争に関して語った〔からである〕。彼女のためにおいしいクリームチーズをおやつに持って行った時も、彼女は貧しいインドシナの人々がお腹をすかしていると言って、それを拒絶した」[34]。別の同僚によれば、シモーヌ・ヴェイユはすぐ後にルヴェで農場の手伝い女として働いていたようである。

この何度かの機会について、シモーヌ・ヴェイユは明らかに良い思い出を持っている。というのも、マルセイユへの避難の間、彼女は相変わらず農業労働者として雇ってもらっていたからである。彼女はこの望みをペラン神父に伝え、これに対して彼は、彼女を、カトリックの作家で哲学者であり、サン＝マルセル＝ダルデッシュに小さな耕地を所有していた自分の友人のギュスターヴ・ティボンに推薦した。初めのうちは二人とも文通を通じて知り合い、その文通の終わりに、シモーヌ・ヴェイユが数週間ティボンの農場でいろいろな農作業の初歩を習得し、それから、一年間、農場の手伝い女として、彼女が詳しく説明するように、「ミストラルの生まれ故郷」[35]のマイヤーヌにある近隣の大地主の家で雇ってもらうことが決まった。シモーヌ・ヴェイユはこのことを、オート・ザルプ県のル・ポエで一緒に短い滞在を検討したルネとヴェラ・ドーマルに知らせるために、次のように手紙を書いた。「まるで私が望んでいるかのように、アルデッシュのどこかで農場の使用人という状況が私に起こるのではないかと思われます。望むという言い方はまったく正しくありません。というのも、私は全然そんなことを望んでいないからです。それは精神的にも肉体的にも間違いなくきついものになるでしょう。そして、私自身の一部分はそれを怖れています[36]」。もっとも、この宣言は、シモーヌ・ヴェイユがシモーヌ・ペトルマンに宛てた手紙の一節とは完全に矛盾している。そこで彼女はこのように打ち明けていた。「あなたも知っているように、私は工場に行ったことをまったく後悔していません。〔……〕今回もまた自分が否応なく背中を押されたと感じています[37]」。そして、彼女は次のように続ける。「しかし、私のもう一つの計画〔示唆されているのは彼女の前線看護婦部隊計画〕が実現できていないので、私はそれを実現させなければならないと感じています。それが本当に私のダールマであるのかと自分に言うほど、私にはクリシュナを理解するための能力がありませんから、私は自分の感覚に頼らざるをえません。その上、私の感覚は現代の社会秩序と一致しています。現在、フランスの民衆に、私が下層賤民〔シュードラ、çudras[38]〕の一人でいることが良いと思われるならば、私がそれに従うこともおそらくは良いことなのでしょう。あらゆる蓋然性に従えば、この社会階層の中には、私と同じくらい、いやそれ以上に有能である人々が、また私など及びもつかないような人々が数多くいるにもかかわらず、どうして私は用意してもらった場所に身を置こうとしなかったのか[39]」。シモーヌ・ヴェイユはここで、彼女がマルセイユに滞在していた時に知った政令、すなわち、ユダヤ人に教育や知的職業を禁止し、彼らに生産〔の分野〕に入るように勧めたヴィシー政府の政令を暗示している。一九四一年一〇月一八日、彼女はさらに、ユダヤ人問題の長官グザヴィエ・ヴァラに、彼女を「知識人という社会的カテゴリーから除外し、〔自分に」大地を与えてくれたことを、そして大地とともに自然全体を与えてくれたこと」に感謝する大変皮肉な手紙を書いている。「というのも、自然や大地が疲れ切った四肢の日常的な苦しみを通して身体の中に入り込んだ人々だけが、唯一、自然や大地を所有することができるからである(40)」。

ここでもまた、シモーヌ・ヴェイユは現実を求めている。現実をつかまえるためには、大地や太陽や風景が現実に存在することやそれらが装飾品のようなものではないことを知るためには、肉体的疲労に、苦しみに耐えなければならないのである。シモーヌ・ヴェイユが八月をティボン家で過ごしたのは、このような動機に駆り立てられてのことであった。しかしながら、彼女は、そこで、彼女自身の言葉によれば、「おとぎ話のような生活」を送る。「私はグリム童話の中にいるかと思いました(41)」。両親に宛てた彼女の手紙からも分かるように、事実彼女はそこで見習いとしては扱われなかった。「ここでは、労働という観点に立てば、私が予想していたほど真面目であったわけではありません。ここに着いてから、私が働いたのは二時間だけです。要するに、バカンスです」と、彼女は八月一〇日に両親に書いている。それでも、最後には、彼女は鋤や鍬を使って何日間かは働くことになった。しかし、その五日後には、「私はティボンと一緒にギリシア語を勉強しています。相変わらず働いていません(42)」〔と書いている〕。彼女は、ブールジュで、犂を使う際、運悪くそれをひっくり返してしまい、農民の不興を買ったことがあったが、それ以来望んでいた通りに耕し方を学ばなかったことを後悔した。九月に、彼女は『ヌーヴォー・カイエ（*Nouveaux cahiers*）』誌で出会った友人、ギヨーム・ド・タルドに次のような手紙を書いた。「あなた自身は土地をお持ちではありませんか。もしも私が見知らぬ一人の雇用者の下で、後に満足してもらえるかどうかだけ気を付けて予め一年間働いたならば、いざという時にそこで私を雇ってくださいますか[43]」。グザヴィエ・ヴァラに手紙を書いた日には、反対に、彼女は、サン＝ジュリアン＝ド＝ペイロラでブドウの収穫のために雇ってもらった。ここでは、匿名ではないとはいえ――雇用主の家に泊まって、食事を取った――、彼女がジルベール・カーンに次のように知らせているように、「雨の日が〔……〕あまりに多く、ある種の知的活動は許されていた」が[44]、彼女は大切には扱われなかった。彼女が率直に書いているように、「政府は、ユダヤ人たちが生産に従事し、なるべくなら農地へ行くことを望んでいると通知した。私は自分自身をユダヤ人とみなしてはいないが〔……〕、それでも私は従うことにしました。今、私はブドウ摘みをしています。私はガール県のブドウ栽培者に雇われて、毎日、一日八時間、四週間の間ブドウを摘み取りました。光栄にも私の主人は、よくやっていると私に言ってくれました〔……〕。私はもう一週間ブドウ摘みをします。その後、友人たちが私のために一つのポストを見つけてくれたところで野菜栽培者に雇われて、農業労働者として働こうと思っています。私が思うに、これ以上は完全に〔政府の望みに〕従うことはできないはずです[45]」。われわれは、ペラン神父に宛てられた彼女の「精神的自叙伝」によって、ギュスターヴ・ティボンとともにギリシア語を勉強している時に、二人一緒に『主祷文（*Pater*）』をギリシア語でそらんじることを約束していたことを知っている。それを暗唱することで、「自分の中の悪の一部分が解き放たれる[46]」ように思われたからである。

シモーヌ・ヴェイユは、ペラン神父に、ブドウの収穫を始める時に、毎日、仕事の前にそれを暗唱し、「ブドウ畑の中でもしばしばそれを繰り返した」と書いている。「この実践の効果は素晴らしく、毎回自分でも驚くほどです。というのも、私が毎日それを経験していても、その効き目は毎回私の期待を超えていたからです[47]」。

ポール・ジニウスキーによれば、農民の苦しみを分かち合おうとするこの意志は「アルストン工場での場合以上に有害な見かけ倒しにすぎない[48]」。しかしながら、シモーヌ・ヴェイユがこの時代に同時に記していた『カイエ』において、自分の仕事や同僚たちの苦しみへの多くの暗示が見出される。「『同じように、精神的に苦しむこと、そんなことはありえません』という年老いた女の言葉（ブドウ摘みの間に耳にした）。苦しみに特有の感情（ひとがそれを感じた瞬間の感情、しかしそれは思い出の中に消えてしまう）[49]」。もう一度言うが、肉体的疲労はシモーヌ・ヴェイユにとって、時間への無慈悲な服従を身をもって知る機会である。彼女は、「肉体労働。身体へと入り込んでくる時間」と記す。あるいはまた、「人間は労働によって自ら物質になる、キリストが聖体の秘跡によってそうするように……」。彼女は労働と死とを同一視する。「死を経験しなければならない。――年老いた者は死ななければならない。しかし死は自殺ではない。殺されなければならない。重力を、世界の重みを被ること。人間の腰にのしかかってくる宇宙、痛みを覚えることに何か驚くべきことがあろうか[50]」。別のところで、彼女はブドウの収穫を「地獄」として述べている。「ある日、私は、自分がそれと知らないまま、死んでしまって地獄に落ちないかどうかを、また地獄が永遠にブドウを摘むことからなっていないかどうかを自問しました[51]」。しかし、それに先立って労働者の労働条件を経験した時のように、シモーヌ・ヴェイユは自分の苦しみを正当化する代償を見出す。彼女は、ジルベール・カーンに次のように書く。「時には疲労が私を押しつぶすが、私はそこに一種の浄化を見出す。疲労の極致で、私は、他の何ものによっても得がたい喜びに出会う[52]……」。同じく、彼女の動機に不安を抱く友人のエレーヌ・オノラには次のように返答する。「私がそれをしなかったならば、言えなかったようなことがたくさんあります[53]」。要するに、言ってみれば、シモーヌ・ヴェイユは、恩寵の何らかの状態によって心を動かされる前に、重力のある段階を体験しておかなければならないということを、この新しい経験によって理解していたということではないか。しかし、結局、シモーヌ・ヴェイユを雇うはずであった野菜栽培者はそうしなかった。そして彼女は、米国への亡命のために必要な手続きを済ませた両親によって、マルセイユに呼び戻されることになった。実際、出発はその六カ月後でしかなかったが、正確な日程がはっきりしない中で、シモーヌ・ヴェイユはギュスターヴ・ティボンに次のように手紙を書いている。「もし出発しないのであれば、私は働くことを望んでいます。お願いがあるのですが、今から私のために何か探してもらえませんか。去年の夏にペラン神父があなたに作った一四九通の推薦状は考えないでください［……］。何でも構いませんから私のために探してください。私が医者の娘で、知識人でなどといったことをずっと分からないままでいられるところであれば、それだけでいいのです[54]」。それゆえ、シモーヌ・ヴェイユは農業の経験を長びかせることを当てにしていたが、一九四二年五月一六日に彼女は米国に向けて、両親とともに船に乗った。『根をもつこと』において、彼女はこのような短い経験の何を取り上げたのか。シモーヌ・ヴェイユの診断では、労働者の環境よりも改善が進んでいなかったため、同じように農民の環境にも広がる根こぎの病いは、労働者以上に「眉をひそめさせるような類い」のものである。「というのも、土地が根こぎにされた者たちによって耕されるのは自然に反するからである」（*E*. p. 104〔上・一一二頁〕）。都市で失業が猛威をふるっている時でさえ、農村から都市への人口流出という症状として現れている農民の根こぎは、まったく同じように深刻であり、「故国にとっては労働者の根こぎと同じく死に至る危険」である（*ibid*., p. 106〔上・一一五頁〕）。それゆえ、この二つの問題に同じ注意を払うべきであり、しかも両者は結びついている。それは、農民が長い間都会の人々に対する「劣等感」で苦しんできたからである。この精神状態――取り残されていると感じること――は、その上、ラジオや映画や、『コンフィダンス（*Confidences*）』誌や『マリ・クレール（*Marie Claire*）』誌のような雑誌という形で、近代的世界が村に出現して以来、悪化するばかりであった。ラジオや映画や雑誌と同じようにまた、多くのくだらない娯楽がある。それらは、最後に残された農民の世界の固有の文化の持つ価値を貶めることによって、これらの文化を小道具置き場へと追いやったのである。「農民たちもまた、一九一四年の戦争以来ほとんど根こぎにされ、彼らが演じた肉弾〔一兵卒のこと〕の役割や、常に彼らの生活を左右するお金や、都市の荒廃とのたび重なる接触とによって、堕落させられている。知性に関して言えば、それはほとんどなくなってしまった」（*ibid.*, p. 69［上・七三頁］）。

農民階級を苦しめる根こぎの病いに関しては、その最初の明白な治療法の一つは、所有地への「健康で自然な」願望を満たすことにある。しかもそれは「聖なる」欲求であり、この土地はそれを耕す者に帰属すべきものである。もっとも自分自身の狭い畑を、そこで野菜や果物を育てながら、懸命に耕すことは、性能の良い装備を使って、協同組合という形で共有された広い場所での同時的な粗放農業とまったく両立しないというわけではない。最低限のものであっても、農民たちに年金の権利を与えるだけでも、若者の離村をくい止めるにはおそらく十分であろう。検討されるべき第三の治療法は、田舎で若者が感じている「退屈」――この「精神的レプラ」(55)――に関するものである。「若者が、日曜日に何をしようかと夢想しながら」（*ibid.*, p. 110［上・一一九頁］）」平日を過ごさないようにすること、なぜなら「その後ですぐに彼がいなくなってしまうから」。以上がシモーヌ・ヴェイユの願いである。日曜日は、実際、「労働の必要があるということを忘れたい」日である。「そのためには、お金を使わなければならない。あたかも働いていないかのように着飾らなければならない。わがままがごく簡単に獲得させてくれる、虚栄心の満足感と力への幻想がなければならない。放蕩にはまさしく麻薬の機能があり、麻薬の使用は苦しんでいる人々を常に誘惑する(56)」。かくして、シモーヌ・ヴェイユは、一四歳の少年が労働の世界に入っていくことを強調するために、次のような宗教的な性格の厳粛な催しを思い描く。「少年が初めて一人で〔畑を〕耕す日の前日。一般にそれは一四歳である［……］」。この儀式は最初の聖体拝領となるだろう……」。それは村のすべての子どものために同じ日に行われ、ある日曜日に、「村中の人がそれに立ち会い、聖体拝領が行われるだろう。司祭は〈耕すことも、種を撒くこともしない野のユリを見なさい〉という一節を注釈しながら、貧しさの精神について説くだろう。そして大地を耕し、種を撒かなければならないと説明するだろう。しかし、奉仕するという考えでそうするのであって、お金を稼ぐためではないと言うだろう。そしてまた、そのように働いた後で神の賜物としてそこから得られるものを受け取らなければならないと説明するだろう(57)」。「キリスト教と田舎の生活」において、シモーヌ・ヴェイユは労働を祈りと同一視し、耕す人の仕事に、そのひとがなくしてしまった精神性を吹き込むために、多くの別のやり方を提示する。また、数年後には、若者に、彼の正当な好奇心を満たすために、「フランス遍歴旅行（Tour de France）」や、さらには外国への旅行が提案されることになる。この経験の最後に、若者はこの経験を点検するために、また、自分の知識を深めるために、師範学校に戻るというやり方もあるかもしれない。それゆえ、シモーヌ・ヴェイユが夢見たのは、今日われわれが「フォルマシオン・アン・アルテルナンス」〔労働者研修で就業期間と研修期間とを交互に組み合わせること〕と呼んでいるところのものである。少女たちを『マリ・クレール』誌の有害な影響から遠ざけることに関しては、シモーヌ・ヴェイユは自分の想像力の欠如を仮に認めているだけである。その他、兵役制度を改革し、労働者と農民がそこで一緒にならないようにすること、また若者たちを売春の悪習から遠ざけるために町中に兵舎を置かないといったことは、彼女には必要な方策であるように思われる。

しかし、精神文化の問題は最も重要であるように見える。そして、それは、労働者たちに訴えかけるそれとは異なる「翻訳」を要求する。それゆえ、過去の農民文化を蘇らせることができないならば、「方法を発明して」、農民をして文化と無関係のままにしておくべきではない。「社会制度が根本的に病んでいるのは、農民が、自分が農民なのは教師になるほど賢しくなかったからだと思って大地を耕している時である」(*ibid.*, p. 65〔上・六九頁〕)。そうする〔異なる翻訳〕ためには、農民の環境を知り、それを軽蔑しない農村の教師を育てなければならない。彼らであれば、あらゆる国の民間伝承や農民文学――ヘシオドス、中世の哀歌である『農夫ピアズの夢(*Piers Plowman*)』――を農民たちに教え、彼らを取り巻く世界の美へと農民たちの感受性を目覚めさせるはずである。しかも、労働者たちの場合には、科学の現前化は機械化を経由するのが自然であるが、逆に農民たちにとっては、「すべては驚くべき循環を中心とすべきである。そのような循環によって、太陽エネルギーは、植物に降下し、葉緑素によって定着し、穀物や果物の中で濃縮され、今度は食べたり飲んだりする人間へと入りこみ、その筋肉の中に伝わって大地の整備のために消費されるようになるのである」(*ibid.*, p. 115〔上・一二四頁〕)。実際、シモーヌ・ヴェイユによれば、恩寵のイメージである太陽のエネルギーだけが、重力に匹敵し、労働の循環性によってもたらされる単調さを補うことができる――「人間は食べるために働くことで疲れきってしまい、また人間は働くための力を獲得するために食べる。そして、このような苦労の一年後も、すべてはまさしくいわば出発点へと戻る」(58)。

それゆえ、労働が、善にではなく必要によって、否応なしに支配されているという事実とバランスを取るためには、耕す者が「神と創造との諸関係を上演する聖なる劇」で演じる役割を自分に思い起こさせることによって、自分の労働に「神の光」を与えなければならない。「太陽が神のイメージであるのと同様に、植物の樹液は〔……〕〈子（Fils）〉や〈仲介者（Médiateur）〉のイメージである。耕す者のすべての労働は、このイメージに奉仕することにある。このような詩が永遠の光によって農作業を取り囲まなければならない」[59]。このことは、農民たちを、福音書の寓話が農場での生活から借用されているのに対して、「日曜日の数時間を除けば、農民の日常生活には不在の」宗教的生活に再び根づかせることを前提とする。そして、シモーヌ・ヴェイユは、その証拠として、「もし一粒の麦が死なずば……」、「種子は神の言葉である……」、「クロカラシの種が種のうちでもっとも小さい……」、「私はブドウの株で、あなたがたは分枝である」といった寓話を示した。こうした寓話はどれもこれも日曜日の礼拝式には見られないものであり、こういったものならば、ひとは、農民に、自分が働くことの尊厳を正当化するために働きながらこれらの寓話を考えるように勧めるはずである。「精神的な根をもたないような、したがって超自然的秩序に属す根をもたないような真の尊厳というものはない」（*ibid.*, p. 123〔上・一三五頁〕）。しかしながら、こうした目論見はフランスの公教育における政教分離の考え方と全面的に対立するのではないだろうか。シモーヌ・ヴェイユは、「それ自体として見たら、世俗的観念はまったく間違っている」[60]とみなしている。しかし、他方で彼女は、キリスト教が「多くの他のものと同様に人間の思想の宝」であり、そのキリスト教に対してあえて考えないようにすることは、正当なことでも望ましいことでもないと論じることによって、このテーマについて論争を鎮静化したいとも思った。「フランスのバカロレア合格者〔大学入学資格者〕が中世の詩や、『ポリュウクト』、『アタリー』、『フェードル』、パスカル、ラマルティーヌや、デカルトやカントの学説のようにキリスト教がしみ込んでいる学説、また『神曲』やあるいは『失楽園』といったものを調べて、それで聖書を一度も開いたことがなかったということはきわめて馬鹿げている」（*E*, p. 119〔上・一三二頁〕）。しかも、神を考えないように慣らされた子どもたちが「何かを手に入れたいと思って、ファシストやあるいは共産主義者」になりかねないという恐れがある時、シモーヌ・ヴェイユにとって、それゆえ、「この戦争が宗教戦争である」ということが了解されていれば、真正の精神生活だけが唯一「全体主義的偶像」に対抗できるということは何の疑いもない。「ヨーロッパが〔……〕強制収容所から逃れるためのほとんど何の努力もしなかった〔……〕」のは、善と悪との対立という現実を否定しようとしたためであり、またすべてはどう転んでも同じだと考えたためである。「もしもこの戦争が宗教劇であると理解されていれば、宗教によって生きていたわけではなかった国民は、その戦争において、受動的な犠牲者でしかありえなかったと何年も前から予想できたはずである。このことはほとんど全ヨーロッパに当てはまる……」[61]。「日常生活それ自体を神的な意味を持つメタファーへと、一つの寓話へと」可能な限り変形すること、「日常生活や労働の状況における神の真理[62]」を福音書の寓話にならって読み取ること、そして、このことはどんな職業の場合でも当てはまるのだが――「会計係は算数の初歩的な計算の中に、出納係は貨幣制度の中に、以下同様にして……その［象徴を］見出すことができる。貯水池は枯れることがない(63)」――、以上が実際シモーヌ・ヴェイユにとって、知的な労働を含め、労働の奴隷根性から逃れるための第一の条件なのである。「象徴的なものが神を考えながら土を掘り起こし草を刈り取ることを可能にするのと同様に、学校の訓練をより良い類いの注意への準備へと変形する方法だけが唯一、青少年をして、幾何学の問題やラテン語の訳読に専念する間も、神のことを考えるのを可能にするだろう」（OC. IV. 1. *EM*, p. 427［著②二〇三頁］）。しかし、日常生活におけるこのような宗教の遍在性には、その中に、政治的なものを吸収してしまうという恐れがあるのではないか。彼女は問う。「いかにしてキリスト教は、全体主義的であることなしに、全体に浸透するのか。全体主義的というのではなく、すべてのひと全体に(64)」。シモーヌ・ヴェイユは、反論を予測していた。というのも、彼女は次のように返答しているからである。「宗教は、当然そうでなければならないように、あらゆるところに現前しうるためには、単に全体主義的であってはならないだけではなく、宗教にとってそれだけが唯一最もふさわしい超自然的愛の次元に正しく自己自身を限定するべきである(65)……」。

これほどはっきりしていることはないだろう。茶色、赤色、あるいは他の色といった全体主義的な諸システムは、二〇世紀がそれらのシステムについての悲しい経験をし、そして「混乱した多くの魂」がそれらのシステムを大々的に支持したが、「宗教」という資格を僭称することなどできないし、たとえ

「政治的」あるいは世俗的宗教としてであれ、そうしたことは不可能である〔*E*, p. 310［下・九八―九九頁］〕。このような言い方は、宗教的なものの衰退と、二〇世紀のイデオロギーによるその幻想的な「埋め合わせ」とを特徴づけるために、当時よく使われた表現である。実際、ここで、オーストリアの政治思想家、エリック・フェーゲリンのことを思い起こしてみよう。彼は、一九三八年に米国に移住し、そしてそこで自分の道を進んだ――しかも彼自身、ルイ・ルージエの書物『政治的神秘主義者たち〔*Les Mystiques politiques*〕』に言及している――が、一九三三年の『政治的宗教〔*Les Religions politiques*〕』[66]というタイトルの著作において、このような〔政治的宗教という〕表現を用いた。もっとも、彼は後に、「世界内諸宗教」と「超世界的諸宗教」とを区別することによってそれを修正したのだが。彼はこの著作において、西洋のゆっくりした「自我の顕現による反抗〔révolte egophanique〕」を、すなわち、人間が神の顕現から離れて自分の自我に内向するという事実、その頂点がとりわけヘーゲル、コント、そしてマルクスの歴史哲学を通して、絶対知の到来と、神になった人間の称揚とによって達成されたとされる現象を記述した。彼から見ると、全体主義は、「一つの長い歴史的過程の終わりにある［……］、世俗的な進化の極み[67]」を表したものなのである。国家、科学、人種あるいは階級を「最も現実的な存在」とみなすことで、このような宗教は、存在の意味を内在化し、諸事物の秩序に関して一つの絶対的確実性を保持しようとする。こうして近代の本質は、フェーゲリンに、グノーシス主義の一形態の漸進的増大として現れる。そして彼は、その具体的な姿を、一八世紀の初めに死亡したフィオーレのヨアキムという、カラブリアの修道士の人格として提示した。この人物は、地上に実現された完成の時代の象徴である、聖霊の王国の黙示録を公表した。「政治的宗教」という言い方はまた、ヴァルデマール・グリアンが「政治的宗教としての全体主義[68]」という彼の論文において用いた表現であるが、レイモン・アロンとしては、むしろ「世俗宗教」について話す方を好んだ。レイモン・アロンはロンドンにおいて、一九四四年七月の論文で次のように書いている。「私は、消滅した信仰の代わりにわれわれ同時代者の魂を占領し、この世において、未来から遠く離れたところに、作られるべき社会秩序という形で、人類の救済を位置づけるような学説を世俗宗教と呼ぶことにする[69]」。この同じ現象を、ジュリアン・フロイントは「救済の政治」と、ジャン・セギーは「類推的宗教」と、そしてアーノルド・トインビーは「ポスト・キリスト教的イデオロギー[70]」という呼び方で示した。シモーヌ・ヴェイユにとっても、ナチズムとボルシェビズムという二つの異本を持つ全体主義的体制の出現は、間違いなく、「真理の精神」の消失や、神的超越を人間〈理性〉に置き換えることに結びついている。マルクス主義の場合には革命であり、自由主義の場合には利潤であるが、それらは救済の代理物の役割を演じている。「ヘーゲルの哲学においては、神は、〈世界精神〉の名の下に、歴史の動因や自然の立法者として現れる。ブルジョワジーがこの神の中に人間自身の創造を認めるのも、歴史が人間の固有の作品であるのも、その革命が成し遂げられた後になってからにすぎない[71]」。マルクス主義と宗教との共通点――「マルクスに関しては、確かに宗教という語によって驚かされることがある。しかし、われわれの意志が世界の中で作用し、われわれの勝利の手助けとなる神秘的意志と一致すると信じるのは、神の摂理を信じることであり」（*OL*, p. 36〔二〇—二一頁〕）、言い換えると、黙示録的精神によって生気づけられることである——は、そこにエリック・フェーゲリンが「思弁的グノーシス主義」[72]を見た、マルクスの決まり文句に従えば、それらを「民衆の阿片」として使うことにある。これらのイデオロギーを「真理の精神」、「真正の問題」[73]に置き換えること、それがシモーヌ・ヴェイユの野心である。

このようなキリスト教の優位に驚くひとに対して、シモーヌ・ヴェイユは、次のように答える。「歴史の分野で、ひとは少数のフランス人にフランスについて多くのことを語るのと同様に、ヨーロッパにあって、もしもひとが宗教について語るならば、何よりもキリスト教に関してである」と返答する。同様に彼女は、ペラン神父に次のように書いていた。「ヨーロッパやアメリカの地域でさまざまな違いがあるにもかかわらず、権利上は、直接的にであれ間接的にであれ、程度の差はあるが、カトリックの宗教は白人のすべての人間の土着の精神的環境であると言える」（*AD*, p. 180〔著④一三七頁〕）。それでもなお、彼女は、教師にその能力があるとして、こうした宗教の歴史の授業において、「〔人種の概念に結びつけられた〕」（*E*, p. 121〔上・一三二頁〕）ユダヤ教を除けば、真正のものであれば何であれ他の思想的潮流であっても取り扱うことは可能であることに同意する。それゆえ、たとえ、この世界と別の世界とが二重の美しさにおいて現前し、ちょうど「生まれてくる子どもが産着の製作に〔結びついている〕ように」（*ibid.*, p. 124〔上・一三六頁〕）、労働という行為に結びついていると思うことが早まった希望だとしても、それでもやはり、現代に固有の使命は労働の精神性に基礎を置く文明を作り上げることに変わりはない。「われわれは、技術の純粋に物質的な発展に起因する不均衡によって苦しんでいる。この不均衡は、同じ領域における精神的発展によってでしか改善されえないのである」（*ibid.*, p. 128〔上・一四〇頁〕）。われわれがその「確かな証拠[74]」を持つ以上、労働の精神性は「奴隷状態以前」から間違いなく存在していた。シモーヌ・ヴェイユは、その主張を支えとして、完全に「農業に由来する魂の救済の象徴的表現に基づく」、「ローマ以前の古代全体の宗教であるエレウシス〔古代地中海地域の古代宗教の一つであるエレウシス教〕の秘儀」を暗示する。そしてまた、われわれが見たように、同じ象徴体系が見られる福音書の諸寓話を暗示し、しかし他方で、彼女は、アイスキュロスの『プロメテウス』において、「製鉄所の労働者の宗教を喚起するように思われる」へファイトスをも暗示する。彼女には、プロメテウスとは、「キリストの無時間的投影、すなわち大地に火を捨てに来て十字架にかけられた贖罪の神」として現れるのである（*ibid.*, p. 372 et 373〔下・一七一頁〕）。

## 「国（pays）に魂を取り戻すこと」

労働者及び農民の生活を襲う不幸と不正が「極端な根こぎ[75]」を作り出していることを示し、これらの階層の人々のために再び根をもつことという計画を提案した後、シモーヌ・ヴェイユは、今度は、フランスの歴史を読み直すことで、郷土（patrie）への忠誠の概念を国家（État）への愛着のそれに置き換えることによって、いかにして国（pays）がその魂を失ったかを示すことに取り組む。彼女はまた、ナチズムが敗北した場合、再びわれわれが「全体主義的システムの深淵」（*ibid.*, p. 125［上・一三五頁］）に投げ出されるのを避けるために、フランスに魂を取り戻すことを可能にするいくつかの提案を作成する。それゆえ、シモーヌ・ヴェイユが根をもつことの腐植土としてのネーション（nation）の重要性を意識したのは、亡命中のことであり、戦争のおかげである。「ネーションが消滅の危機にある時、こうしたあらゆる環境への忠誠によって含意されているすべての義務は、郷土を救うという唯一無二の義務へと統合される。というのも、外国に隷属する住民たちは、ナショナルな環境だけではなく、一切の環境をも同時に奪われるからである」（*ibid.*, p. 208［上・二三五頁］）。彼女は次のように問う。魂が何にもまして必要とする欲求、すなわち根をもつことは、もしも郷土、文化、過去、職業、地方性といった環境が消えてしまえば、いかにして満たされうるのか。シモーヌ・ヴェイユも認めているが、実際、家族は今日親と子の核家族へと変わってしまっている。誰も一〇年も二〇年も前に亡くなった祖先たちを考えもしないだろうし、ましてや今から一〇年二〇年先に生まれる子孫たちのことなど思うこともないだろう。それこそ「家族が重要ではない」という兆候なのである（*ibid.*, p. 130［上・一四三頁］）。仕事の枠組の中で、生きている者と死んだ者との絆ややがて生まれてくる人々の絆を保証するはずの同業組合は消え去り、「職業もまた重要なものではなくなった」。村、町、お国（contrée）、田舎、地方の単位もまたほとんど重要ではなくなり――「たとえば何世紀か前に、〈キリスト教徒の共同体〉と言う時、今日のヨーロッパとはまったく異なる情感的な響きがあった」(*ibid.*, p. 131〔上・一四四頁〕)——、ネーションだけが、既にずっと前から「人間存在に対してとりわけ集団性の持つ使命を構成しているような役割、すなわち、現在を通して、過去と未来との結びつきを保証するような役割」(*ibid.*, p. 129 et 130〔上・一四二—一四三頁〕)を果たしているように思われた。しかしながら、ドイツに対する敗北と一九四〇年六月の休戦の翌日には、「われわれはネーションの一瞬の、眩暈がするような崩壊に立ち会った〔……〕。手をこまねいて、祖国が崩れ落ちるがままにしたのは民衆である」(*ibid.*, p. 131〔上・一四四—一四五頁〕)。一九四三年に、シモーヌ・ヴェイユが書いている時に、顕著なものになった祖国愛(patriotisme)の復活は、だからといって、一九四〇年の六月と七月に直面した「忠誠心による結びつきなどまったく見られない民衆の様子」の「恥にまみれた」思い出を消し去ってしまうわけではない(*ibid.*, p. 147〔上・一六四頁〕)。彼女がニューヨークからジャン・ヴァールに書いているように、敗北の集団的責任を認めなければならない。「臆病、集団的裏切り、すなわち休戦がありました。決して辞任するべきではなかったポール・レイノーも含めて、すべての国民にその責任があります。私にとって、休戦は最初から悲しいものでした。しかし、それにもかかわらず、私は、自分を含めて、それぞれのフランス人にはペタンと同じくらい責任があると思っています……」(76)。解放後の祖国愛の高まりの持続性を保証するものが何もなかったので、シモーヌ・ヴェイユは「祖国(patrie)という概念を考えること」という仕事を自分に課した。「それを改めて考えるというのではなく、それを初めて考えるということ。というのも、〔私の〕

間違いでなければ、それは一度も考えられたことがなかったからである」(*ibid*., p. 133〔上・一四六頁〕)。しかし、正確には、「ルナンの凡庸な一頁だけが例外ではあるが」、シモーヌ・ヴェイユは、これまで一度も研究対象にしなかったと後悔する祖国(patrie)という名で、一体何を言おうとしているのだろうか(*ibid*., p. 134〔上・一四八頁〕)。

シモーヌ・ヴェイユはここで、われわれが見るように、非常に手厳しく、しかもまったく不当にも、一八八二年三月一一日にエルンスト・ルナンがソルボンヌで行った有名な講演「ネーションとは何か」を示唆する。彼は、ネーションが西ヨーロッパのシャルルマーニュ帝政の終焉以後、比較的最近現れた政治的現象であると認める。「ネーションは歴史の中でも大変新しいものである。古代はそれを知らなかった」[77]。同様にシモーヌ・ヴェイユも、「ネーションは最近の事実である……」と書いている。そして、彼女は最初に、ネーションの概念に、「拡散し、彷徨う」ものであれ、「常に存在してきた」(*ibid*., p. 134〔上・一四九頁〕)祖国愛(郷土愛・パトリオティスム)の概念を対立させているように思われる。しかしながら、逆説的に、彼女はこの祖国愛の誕生した日として一七八九年のフランス革命を挙げている。「フランスには、過去の愛に基づくのではなく、国(pays)の過去との最も暴力的な断絶に基づく祖国愛の逆説があった」(*ibid*., p. 142〔上・一五八頁〕)。その結果、ルナンとは反対に、すなわち、ネーションが、「豊かな過去の遺産の共有化」としての過去と「相続された共有財産を利用し続けようとする意志」[78]としての現在との架け橋であるというルナンの考えとは反対に、フランス革命から生まれた祖国愛は「もっぱら現在と未来とを対象とした」(*ibid.*, p. 143〔上・一五九頁〕)。革命派の人々が百科全書派によって投げかけられた進歩のスローガン――シモーヌ・ヴェイユが「最も良くないものによる最も良いものの〔……〕分娩」[79]、「優れて無神論的概念」とみなした考え方――にとらわれていたと打ち明ける時、彼らはこのような仕方で自分たちの固有の過去から根こぎにされてしまったのである。そして、「このことは人間にとって最大の罪なのである」[80]。実際、過去が人間の魂の「最も重大な」欲求であるとすれば、革命派の人々が自分たちの樹液を汲み取ることができるのは一つの伝統からでしかないであろう。そして、シモーヌ・ヴェイユは、その証拠として、一方では、「マルクスがそのことを痛感していたので、階級闘争を歴史的説明の唯一の原理にすることによって、この伝統を最も遠い時代に遡らせることに執着した」(*ibid.*, p. 71〔上・七六頁〕)という事実を、また他方では、彼女から見て、中世の同業組合の反映である今世紀初めのフランスの労働組合運動を挙げている。したがって、未来を過去に対立させるのは無駄なことである。というのも、前者は「過去から受け継いだ財宝」の基盤の上にしか構成されないからである。今日のフランスの現実を「思い出と希望」(*ibid.*, p. 132〔上・一四五頁〕)に基づいて作り直すことによって、シモーヌ・ヴェイユはここでは、彼女のルナンへの批判にもかかわらず、彼と非常に近いところにいる。昨今の祖国愛の消滅に関しては、シモーヌ・ヴェイユはその日付を一八七一年に、すなわち、パリ・コミューンの蜂起時の鎮圧の時期に置いている。「一八七一年は、一七八九年に生まれた、フランスのこの特殊な祖国愛の最後の年であった」(*ibid.*, p. 145〔上・一六二頁〕)。それでは、このような感情の内容はどのようなものであったのか。「それは、大半は、祖国愛に属する自尊心に基づく、主権を持つネーションへの愛であった」（*ibid.*, p. 144〔上・一五九頁〕）。すぐに確認できるように、以後シモーヌ・ヴェイユは、「ネーション（nation）」という語と「祖国（patrie）」という語とを同じように用いる。「祖国は、ネーションの別名である」（*ibid.*, p. 168〔上・一八八頁〕）。

シモーヌ・ヴェイユが、第三共和政の下では、君主政も帝政もフランス人たちに気に入られることがなかったので、祖国愛は彼らが自分たちの忠誠心を証明できる最後の実体へと、すなわち国家（Etat）へと逃げ込むことになったということを認める時、混乱は一層大きくなる。彼女は、このような祖国愛についての考え方をリシュリューに帰着させている。ところで、リシュリューからすると、「公的な任務を果たす者は誰でも〔国家に〕全面的に忠誠を誓わなければならない」（*ibid.*, p. 148〔上・一六六頁〕）。それに反して、シモーヌ・ヴェイユにとっては、このような、「全体的で、絶対的で、そして無条件的な」忠誠は、神に対するものでしかなく、「国家の救済という大義は、限られた条件付きの忠誠によるもの〔である〕」（*ibid.*, p. 149〔上・一六六頁〕）。彼女の主張によれば、このような国家への献身が認められれば、フランスは根こぎにされてしまうことになるはずである。というのも、純粋に地上的（terrestre）なものを、絶対的なものとして、目的それ自体として仕立て上げることによって、また「まずは政治を」というスローガンを発することによって、枢機卿〔リシュリュー〕は「偶像崇拝の罪を犯すことになった〔……〕」からである。「彼の国家の考え方は、既に全体主義的である」（*ibid.*, p. 150–155

〔上・一六七―一七四頁〕）。『重力と恩寵』において、シモーヌ・ヴェイユは『国家（*La République*）』[81]におけるプラトンの国家のイメージを再び取り上げ、次のように書く。「国家それ自体は、超自然的な愛の対象ではありえない。それは魂を持たない。それは巨獣である[82]」。シモーヌ・ヴェイユはその「巨獣」への非難において、常にイスラエルとローマを結びつけるが、その証拠は別の引用の中にある。「ローマ、それは、自己しか愛さない、無神論の、唯物論的巨獣である。イスラエル、それは、宗教的巨獣である。どちらも感じのいいものではない。巨獣は常に嫌悪を催させる[83]」。そして彼女は次のように注釈する。「プラトンは最も正確な言葉を使って、集団を巨獣にたとえている」（*ibid.*, p. 177〔上・一九九頁〕）。あるいはまた、「プラトンがそう呼んだような〈社会獣〉〔……〕だけが力を持つ。それはその力を群衆として行使するか、あるいはそれを複数の人間ないしは一人の人間に預ける[84]」。それゆえ、シモーヌ・ヴェイユが自分の作品の中でしばしば引き合いに出すプラトンの寓話は、真の哲学者をソフィストから区別することに向けられている。また彼女は、彼女がジャン・ポステルナークと交わした約束を忠実に守った。その約束とは、彼女から見て、「最も崇高な」プラトンの対話編である『国家』の「最も美しい節の一つ」を彼のために翻訳するというものであった。以下にわれわれが引用するのは彼女の翻訳である。

巨大で強い獣（animal）を育て、その気質やその欲望を認識できるようになる誰かを想像せよ。いかにして獣に近づいたり触れたりすべきなのか、またいつ、いかなる時に、獣がより難しく、あるいはより従順になるのか、さらにそれは、それぞれの状況で、どのような音を発する習慣があるのか、最後に、獣をなだめたり苛立たせたりするためには、どのように話しかけなければならないのか。実践と時間によって、これらすべてを修得した後、彼がそれを知恵と呼ぶことやそれを体系化することや、一つの学問としてそれを教えるようになることを想像せよ。彼は、これらの反応や欲望において、何が美しく醜いのか、何が善で悪なのか、何が正しくて正しくないのかということを知ることなしに、これらすべての語を巨獣の意見に適用し、正当化するための他のいかなる理由もないままに、とりわけこの獣が好きなものを善と、獣が好きではないものを悪とみなす。こうして彼は、単に必要なものを正しいと呼んだり美しいと呼ぶことになる。というのも、彼は、必要なものや善いものがその本質において実際にどれだけ違うのかということについて分からないだろうし、そのことを他者に示すこともできないだろうからである。それこそ奇妙な教育者であると思わないだろうか。

——確かに。

——それでは彼は、大勢集められたあらゆる種類の人々の苛立ちや喜びの中に知恵を見出したと思うひと——絵画や音楽や政治に関してではあるが——を、自分とは違うと思うのだろうか。確かに、集められた群衆の前で、詩や他の何らかの芸術作品、あるいは都市への何らかの奉仕を披露する時、必要以上に多数者の裁量に従う時、よく言われるように、ディオメデス的な必然性によって、多数者が承認することを行うようにと強制される。しかし、それこそが真に美しいものであり良いものであると主張することに関して、君はこれまで、多数者のうちの誰かが笑いを誘うことなしにそれを証明しようとするのを聞いたことがあるだろうか。[85]

「朕は国家なり」と宣言することで、ルイ一四世は、「非人間的で、粗野で、官僚主義的な、警察」国家という、リシュリューが既に道をつけた偶像崇拝と全体主義への道程を辿ることしかできなかった。この道は、ルイ一四世を経由して国民公会において、また国民公会を経て帝政において、そして帝政から第三共和制において永続化された。同時に、フランス革命から生まれたわけではなかったこの感情は、その「人気」を失い、元々この感情の場所であった政治的チェスボードの左側から右側へと移行しさえした。「このようにして、一見したところ驚くべき歴史の逆説によって、祖国愛は社会的階級や政治的場を変化させたのである」(*ibid.*, p. 144〔上・一六〇頁〕)。厳密な仕方で定義するのは難しいが、それでもやはり一つの現実であるこの国家は愛の対象とはなりえないだろう。事実、国家とは一つの「抽象物」であり、「愛の対象でありうるすべてのものを殺し亡きものにしてしまう〔……〕一つの冷酷な事物である。かくして、ひとは国家を愛さざるをえなくなる。なぜなら、国家しかないのだから。以上がわれわれの同時代者たちの精神的苦痛なのである」[86]。ところで、国家とは、「国(pays)の精神的実体」を食い尽くし、「そのおかげででっぷり太り、しまいには食物がなくなってしまう」(*ibid.*, p. 154〔上・

一七三頁〕）というものではなく、「そこで住民のごく一部あるいは大部分が魂のために生命を獲得するすべての場所、領土の内であれ外であれ、そのようなすべての場所を維持する」という義務を持つ。一言で言えば、国家には「およそありうる最高の段階において、祖国を一つの実在にする」（*ibid.*, p. 210〔上・二三七頁〕）という義務がある。

それゆえ、国家という貪欲な全体性への解毒剤として、すなわち、偶像視されるべき一つの絶対者としてではなく、根を下ろす腐植土として、「生の供給者」（*ibid.*, p. 210〔上・二三七頁〕）として、祖国を正確に考えること、「新しい祖国愛」（*ibid.*, p. 188〔上・二一一頁〕）を考えること、それを「愛するべき」（*ibid.*, p. 200〔上・二二六頁〕）一対象にすること、以上がシモーヌ・ヴェイユが自分に課した任務である。このような目標は「国家的な偉大さ」という今日的な考え方や、「特に今日帝国について語られる仕方」（*ibid.*, p. 214〔上・二四一頁〕）とは相入れないものである。征服と植民地化は根こぎの諸要因でしかありえない。一九三六年の冬から一九三七年にかけての、「インドシナ人への手紙」と題された論文の計画において、シモーヌ・ヴェイユは、既に五年前の植民地万博（Exposition coloniale）以降、「一度としてヨーロッパを離れな〔かった〕若いフランス人女性」である彼女の胸を締めつける「苦痛」や「恥ずかしさ」について公言する。この万博で公衆は、『プチ・パリジャン（*Le Petit Parisien*）』紙が一九三一年にルイ・ルーボーの筆によって広めたイェンバイ（Yen-Bay）での大量虐殺のことを忘れて、アンコールの寺院の複製を熱心に見ていた。マルセイユに避難している間、シモーヌ・ヴェイユはマルセイユのインドシナ人の労働者たちの境遇を心配して植民地化への反対を表明する。実際彼女は、武器工場で働くために、戦争が始まった時にフランスに送られてきたインドシナ人たちが住んでいる受け入れセンターからそれほど遠くないところに住んでいた。彼女に自分たちの生活の不安定な条件を詳しく語った彼らのうちの一人と知り合いになった後、彼女は彼らの境遇に心を動かされ、当時産業生産労働大臣だったルネ・ブランの特別秘書課長エミール・クリエールに、彼らの労働条件を告発するための手紙を書いた。「アンナン人〔ベトナム人〕たちにとって、これらの仕事はただで働かされる辛いものです。したがって、報酬はまったくありません〔……〕病気のアンナン人たちも〔……〕しょっちゅうその仕事に行かされます。しかも、十分仕事をしなければ、フランス人の頭領たちから叩かれます……」[87]。彼女はこの収容所の指揮官を免職させることに成功し、その後事態は改善されたようである[88]。彼女は、英語で書かれたニューヨークの未刊のテクストにおいても、これらの労働者たちのことに触れている。「一九三九年冬から一九四〇年にかけて、フランス政府は、軍需工場で働かせるために、およそ三万人のインドシナ人の農民たちを強制的にフランスに連れてきた。彼らは遠く離れた自分たちの村から根こぎにされ、彼らのうちのほとんどはフランス語をまったく話さなかった。なかにはそれまで一度もあるいはほとんど白人を見た者はいなかった[89]」。彼女は、奴隷制度を廃止したとはいえ、依然として植民地開拓者の仕事をし続けたフランスの征服者連中を公然と批判した。「見知らぬ土地で〔……〕最も残酷な強制労働がまだ存在していた時からそれほど長い時間が経過したわけではない〔……〕。田舎の住民の都市への絶え間ない人口流出は、白人文明の主要な病いである。植民地化はこの病いを少しずつブラック・アフリカにまで拡大する」(*ibid.*, p. 308)。さらに、この感情移入は、もっぱらインドシナ人たちにだけ当てはまるわけではない。というのも、シモーヌ・ヴェイユは、「私はインドシナ人、アフリカ人、モロッコ人に許しを乞わずして、会うことはできない(90)」と書いているからである。ニューヨークの二つの未刊のテクストの中で、彼女は、ユダヤ人たちが一九二五年にまだモロッコで戦争が猛威をふるっている時に、いかにして「アラブ人たちが、まさしくナチスの雑誌においてそうであったように、同じようなグロテスクなシルエットや同じような嫌悪を催させる顔によって表象されていたか」を、また、いかにして、ドイツの戦車がフランスに押し寄せた時、それを阻止するために、アフリカ現地人騎兵たちを前線に送り込んだかを喚起する(91)。しかも彼女は、ドイツ人が有色人種の捕虜に課した兵役に憤慨する。彼らは、「フランス人の捕虜たち以上に虐待され、飢えに苦しみ、しばしば殴られ〔……〕人体実験にさらされる。ドイツのどこかには、鞭を手にした一四、一五歳のドイツ人の若者が全面的に運営する、黒人の捕虜のための強制労働収容所がある(92)」。シモーヌ・ヴェイユが示したこの苦しみへの感情移入に関しては、シモーヌ・ド・ボーヴォワールが『娘時代』で伝える証言を忘れてはならないだろう。「彼女〔シモーヌ・ヴェイユ〕は、アランの元生徒たちの一団を伴って、ソルボンヌの廊下をぶらついていた。彼女はいつもジャンパーの片方のポケットには『リーブル・プロポ(*Libres propos*)』誌のある号を、そしてもう片方には『リュマニテ(*L'Humanité*)』誌のある号を入れていた。中国が大飢饉に見舞われて、大きな被害が出た。私はこの時、彼女がこのニュースを知ってすすり泣いたことを聞いた。彼女の涙は、その哲学的才能以上に私にいやおうなく尊敬の念を抱かせた。世界全体にまで拡がる心が羨ましかった(93)」。同様にレイモン・アロンは、シモーヌ・ヴェイユが上海でのストの結果、部隊が労働者たちを撃ったことを知って動転したことに言及している。「私はシュザンヌ〔R・アロンの妻シュザンヌ・ゴーション〕に、シモーヌが聖人に憧れているに違いないと言った。世界のすべての苦しみを我が身で引き受けることは、信仰を持つ者、あるいは、もっと正確に言えば、キリスト教徒にとってしか意味を持たない(94)」。

それゆえ、フランスのために魂を回復するということは、帝国の断念を意味するのかもしれない。というのも、「フランス人にとって、フランスが帝国を持っていることをうれしいと思ったり、それを考えたり、喜んで、誇りを持って、正当な所有者の言い方で帝国について話したりするのは当然のことなのだろうか」。シモーヌ・ヴェイユの答えは次のようなものである。「もしもこのフランス人がリシュリューやルイ一四世やモーラスのような愛国者であるならば」、その通りである。〔しかし〕「もしもキリスト教の影響と一七八九年の思考とが区別できないまでに祖国愛の実体そのものに入り込んでいるとするならば、そうではない〔……〕。一七八九年にフランスがしたように、ひとが世界のために考え、世界のために正義を定義するという役割を引き受けるならば、その時ひとは単なる人間の肉体の所有者にはならないはずである」(*E*, p. 214〔上・二四二頁〕)。言い換えれば、ここでシモーヌ・ヴェイユはフランス人の首尾一貫性に訴えているのである。実際、一方で征服と帝国主義への渇望という理由でドイツを侮辱し、他方でフランスの植民地を支配し続けることなど、同時にできるわけがない。植民地に対していきなり独立を認めるのは問題になりえないとしても――もし認めなければ、植民地が「熱烈なナショナリズム」、「過度の産業化」、「強烈な軍国主義」、「全体主義の国の社会生活と類似したあらゆる社会生活の国家管理体制（étatisation）」に屈するのを目撃するということになりかねない――、それでも入植民にとっては、「行政的自治、政治的及び軍事的権力への協力、経済的防衛の諸様式」を検討することによって、「植民地を徐々に解放する」方が、要するに、植民地に「部分的自由」[95]を与える方が得なのである。

今や労働のただ一つの動機となってしまった金銭への偶像崇拝〔という第一の障害〕――「儲けたいという欲望があらゆる動機に取って代わることによって、金銭は、それが行き渡っているところならどこでも根という根を破壊する」（*ibid.*, p. 63〔上・六五―六六頁〕）――と、正義の感情の低下〔という第二の障害〕――「力は正義を自動的に作るための機械ではない。それは、正しいあるいは正しくない結果が、偶然に、無差別に、しかしほとんど常に正しくはない蓋然性の働きによって、そこから生じてくるような盲目的なメカニズムである」（*ibid.*, p. 306〔下・九三頁〕）――とに加えて、シモーヌ・ヴェイユは、彼女が祈りと呼ぶ最良の文明への第三の障害を挙げる。すなわち、「誤った偉大さ」、「コルネイユ的なタイプの偉大さ」（*ibid.*, p. 225〔上・二五四頁〕）である。『根をもつこと』において、コルネイユは繰り返しリシュリューに対する「奴隷根性」を非難されている。この誤った偉大さは、政治の領域だけではなく、――「偉大さについてのわれわれの考え方は最も深刻な欠陥であり〔……〕ヒトラーの全生涯を鼓舞したものである」（*ibid.*, p. 277〔下・五八頁〕）――科学や文学や芸術によって維持されるのとまったく同じように、名声を得ようとする人々だけが引き付けられる「歴史の偶像崇拝」によって維持される。「国家（État）の金属のような冷たさ」に、「祖国（patrie）」――「それを通して死者たちが生ける者たちに語りかけることができる唯一無二の伝達器官」（*ibid.*, p. 16〔上・一五頁〕）――という語が前提とする、情感的で温かな次元を対置することによって、シモーヌ・ヴェイユは、国家の冷たさと、現在の瞬間に正確に時を刻む唯一の感情である祖国への同情とを入れ替えることを提案する（*ibid.*, p. 220〔上・二四五頁〕）。ジャンヌ・ダルクがそうであるが、とりわけイェルサレムやユダヤ地方に対して、キリストはその模範であり、シモーヌ・ヴェイユの未完の悲劇『救われたヴェネツィア』のジャフィエという登場人物も同様である(96)。

シモーヌ・ヴェイユは、一九四〇年に、この悲劇を、サン＝レアル神父『ヴェネツィア共和国に対するスペイン人の陰謀（*Conjuration des Espagnols contre la République de Venise*）』の物語にならって書いた。彼女はロンドンにいたにもかかわらず、両親にこの悲劇を自分のところに送り届けるように頼み、さまざまな手直しを行った。以下が手短な要旨である。一六一八年を舞台とし、当時はスペイン王がイタリアのほぼ全体の支配者であった。ヴェネツィアのスペイン大使、ベドマール侯爵は、ヴェネツィアを彼の支配下に置くために、陰謀をめぐらし、二人の人物に実行させた。それが、亡命中のフランスの領主ルノーと、有名なキャプテンで船乗りのプロヴァンスの海賊ピエールである。彼らは、多くの将校たちと同様に、ヴェネツィアに駐屯していた傭兵たちを味方に付けることに成功する。彼女のニューヨークの『カイエ』において、シモーヌ・ヴェイユは一九四二年一〇月下旬の日付で、「第一幕と第二幕では——それが亡命者や根こぎになった者の陰謀であるということをはっきり示すこと。彼らは、自分たちの家にいるというかどでヴェネツィア人たちを憎んでいる(97)……」と書き留めいていた。

それゆえ、ルノーは、演説をすることで自分の部隊を鼓舞する。「諸君は歴史を作ろうとしている。策略をめぐらし、自分たち自身の市民から嫌われ、ヨーロッパの統一に反対する専制的権力、この権力を破壊すること。諸君のおかげで、ヨーロッパ全体はハプスブルグ王朝の下で統一され、統一されたヨーロッパの艦隊は世界中を自由に航海し、スペインがアメリカ大陸に対して行ったように、地球全体を征服し、文明化し、キリスト教に改宗させる。もちろんこれも諸君のおかげである」(*P.*, p. 58［著③三〇九頁］)。このような言葉にジャフィエは青ざめ、ルノーへの不信を覚えた。しばらくして、ジャフィエは次のように告白する。「ルノーが話した時、私は、町の略奪を思って、憐みから少々動揺せずにはいられなかった……」(*ibid.*, p. 69［著③三二三頁］)。

その時以来、ジャフィエは、陰謀を失敗させることに専心し、この事実を十人委員会に示した。その前に彼は、これらの一〇人に対して、この陰謀の暴露と引き換えに、自分で選んだ二〇人の命を助けることを約束させた。ジャフィエは、彼の「裏切り」の理由を尋ねられて、憐れみがそのたった一つの動機であったと繰り返し述べた。しかしながら、これらの一〇人は、自分たちの誓いの約束を守らないであろう。したがってジャフィエは、次のような二者択一に直面することになる。ヴェネツィアに奉仕する重要な役目を引き受けるか、あるいは大金を受け取ってヴェネツィアの領土から永久に立ち去るか（*ibid.*, p. 100〔著③三六〇頁〕）。それゆえヴェネツィアは、ひとたびジャフィエがそこに眼ざしを向けると、すなわちひとたび彼が支配へのリビドーが作り上げる恐怖を意識すると、彼がそのヴェネツィアに対して抱く同情によって救われる——「一つの都市の滅亡によって、過ぎ去った数世紀を殺すことはより一層酷いことである(98)」。一外国人であっても、それでもジャフィエは少しもヴェネツィアを憎まない唯一の人間である。そして、このような感情こそ、シモーヌ・ヴェイユが自分たちの国のもろさ、さらに「例外なく不幸なすべての国々」（*E.* p. 221〔上・二五〇頁〕）のもろさに対するフランスの人々の「愛を燃え上がらせる」ために願って止まないものなのである。同情の美徳は抵抗の原動力を与えることができるだけではなく、それはまた苦しんでいるフランス人たちへの同胞愛を示すことによって日常的に自己を表現する手段を見つけることができる。結局、被られた苦しみのこのような精神化は、苦しみそのものを変容させる。その苦しみは、もはや「［われわれに］対する祖国の犯罪としてではなく、［われわれ］に対して祖国によってもたらされた困難として」（*ibid.*, p. 225〔上・二五四頁〕）現れてくる。

しかし、この再建された国を誰の手に委ねるのか。ロンドンのフランス人たちは、偶像崇拝と無秩序に終止符を打つための必要な手段を持っているのか。「ファシズム、コミュニズム、無秩序は、唯一無二の悪の、同じようなほとんど区別のつかない表現でしかない以上、重要なのはロンドンのフランス人たちがこの悪に対する治療法を持っているかどうかである」(*ibid.*, p. 232〔上・二六二頁〕)。彼らは単にその正当性を持っているだけなのだろうか。シモーヌ・ヴェイユがまだニューヨークにいて、ロンドンに送還してもらうことに尽力していた時に書かれた未刊のテクストにおいて、彼女は次のように書いていた。「フランスでは地下運動はかなり拡がっている。なぜなら、その運動は反ドイツだからである。〔……〕公衆は運動の主題についてはほとんど何も知らないし、運動そのものにはごくわずかしか興味がない〔……〕」。公衆はこれらの運動を未来の政治的な指導者としてはまったく見ていない。政治的運動としてのド・ゴール主義に関して言えば、それは実際にフランスに存在しなかった。ド・ゴール将軍は降伏を拒否し、自分の名誉と国のそれとを同時に守った軍人として賞賛された[99]。しかしながら、彼は政治的な指導者とはみなされていない。フランスにおいてド・ゴール主義という語は、反ドイツ的感情、前-国際連合(pro-Nations unies)を指しているだけである[100]」。それから間もなくロンドンで書かれた別のテクストで、シモーヌ・ヴェイユは「臨時政府の正当性」について自問し、ド・ゴール将軍こそがフランスの民衆が地上に落下させてしまった「財宝」をかき集め、それを整理し、そして公的にその番人になったという事実は彼の正当性の基礎を作り上げるものであると評価する[101]。彼女はまた、「フランスの民衆が、もしもその上領土の解放までの間に、自分たちの自由な意志で彼に従ったとすれば、彼はもっと強い正当性を持つことになる」（*EL*, p. 64［七二頁］）と付け加える。言い換えれば、彼の唯一の正当性はフランス人たちの自由な合意に基づく。新しい生活、新しい価値を発明すること、それは〈闘うフランス〉に課せられた義務である。「権利や人格や民主主義的自由を保護するための諸制度の上に、現代の生活において、不正、嘘、そして醜さの下で魂を押しつぶすすべてのものを識別し廃止するためのその他の制度を考案しなければならない[102]」。シモーヌ・ヴェイユが願って止まないこと、それは立憲議会の選挙である。そして彼女は、一七八九年の立憲議会にならって――というのも、「一八四八年の挫折も一八七五年の〈共和主義者なき共和国〉も憲法の創設とみなすことはできない」からである――、立憲議会を明確にすることに腐心した。もっと言えば、その議会の間に、ひとは「真の思想のほとばしり」に立ち会ったのである。しかし、そのために、なおフランスの民衆は考え始めなければならない[103]。『根をもつこと』によれば、間違いなく、ロンドンの運動から生まれた言葉は、その運動が一つの反乱に由来している以上――「ヨーロッパ、とりわけフランスにおいて、反乱の潜在的な力を戦略的に使うことは、勝利にとってよりも、戦後にとってより重要性を持っている[104]」――、それらの言葉に「友人の声の近しい、親密な、温かく、優しい調子[105]」を感じ取るフランス人たちを感動させることしかできない。この考えは少なくとも徐々に拡まっていったことを信じなければならない。というのも、シモーヌ・ヴェイユが賞賛した反乱の最高会議は、この会議では「ドイツによって占領されたすべての領土の代表たちが英国の議長の下に議席を占めた[106]」が、ジャン・ムーランを議長として一九四三年五月二七日に初めて招集されたレジスタンス国民会議となったからである。前例のない状況に、ドイツが敗北した場合、当然フランスではそうなるのだが、そのような状況に正面から取り組むには、歴史だけでは、脅威だけでは、また見込みやあるいは暗示だけでは十分ではない。実際に、シモーヌ・ヴェイユは民衆に「霊感」を吹き込むための方法を探求した（*E.* p. 237〔下・九頁〕）。「ネーションとしてのフランスの一時的な壊滅によって、フランスは、諸国民国家の間で、フランスがかつてそうであったところのものやフランスが再びそうなることを長らく期待されていたところのものに、すなわち、一つの霊感に、再びなることを許されうるのである」（*ibid.*, p. 250〔下・二五頁〕）。ところで、たとえこの問題が、――シモーヌ・ヴェイユはそれを「狂信で魂をいっぱいに膨らませる」プロパガンダからはっきりと区別したが――、全面的に新しいものであっても、だからと言って、それは、「神だけに取って置かれた神秘」ではまったくない。そして、ド・ゴール将軍が「フランスのそれ自身への忠誠」（*ibid.*, p. 244〔下・一八頁〕）の象徴であり、しかしまた「人々の中にある、卑しい、力への崇拝を拒むすべてのもの」（*ibid.*, p. 244〔下・一八頁〕）の象徴でもある限りにおいて、疑いもなくその彼にこそ「最高度の霊感を伝播させる」特権が帰する。繰り返すと、彼がその象徴である運動の起源そのものこそが、自由な含意こそが、このようにしてその運動に「精神的権力 pouvoir spirituel」（*ibid.*, p. 250〔下・二五頁〕）を与え、そしてこの運動に二重の使命を授けたのである。「フランスの天才と苦境に陥っている人々の現在の欲求とに適う霊感を不幸のどん底でフランスが見出すのを手伝うこと。ひとたび再発見されたならば、あるいは少なくとも世界を通して垣間見られたならば、この霊感を普及させること」（ibid., p. 250 et 251［下・二六頁］）。敵の敗北によって一つのネーションに再びなる前に、フランスには実際「一つの霊感になる」義務があり、言い換えると「一つの魂を再び見出す」（ibid., p. 259［下・三六頁］）義務がある。シモーヌ・ヴェイユの気にそまないだろうが、もう一度彼女の語彙とルナンのそれとの近さを指摘しておこう。ルナンにとって、「人種、言語、利害、宗教的類似性、地理、軍事上の必要」だけでは、一つのネーションを定義するには十分ではない。というのも、ネーションはむしろ「一つの魂、一つの精神的原理」[107]だからである。

一九四三年七月二六日、死の一カ月前に、シモーヌ・ヴェイユは、ド・ゴール——五月末にアルジェへと出発した——のパルチザンとジローのパルチザンとの間で顕著になった北アフリカでの対立についての噂を聞いて以来、ド・ゴールの正当性を疑うようになった。彼女から見て、彼の正当性は、どんな個人的な政治的目的も求めなかったという事実にあったが、彼女はフランシス＝ルイ・クロゾンに辞表を送った。「私はフランスのレジスタンスとは、直接的であれ間接的であれ、どんな関係も、たとえ非常に間接的であっても一切の関係を持たないし持ちたくありません。［……］私は〈闘うフランスの運動〉と名づけられたもの——あるインタビューの中でド・ゴールが認めた——の維持に反対です。ここであれアフリカであれ、自分がどこにいても、私はそれに加担したとは思っていません」[108]。もっぱらレジスタンス活動家たちで構成されることになる「フランス共和派革命集団（Groupe révolutionnaire des républicains de France)」計画の検討において、シモーヌ・ヴェイユは次のように書いている。「これらの人々は、ことごとく、もっぱら、そして自覚的にも、ファシストたちである。彼らが自分たちの党が唯一のものではないと意図的に言う時、彼らが嘘をついているのは明白である［……］。投票で選ばれた指導者が、おそらく彼らの党の指導者になるのだが、その指導者は国の経済的及び文化的生活に対する絶対的権力を持つはずである。彼らは暴力によって権力を取ろうとする自分たちの意図を認める［……］それとともにすべてのことが説明されるシニシズムはほとんど信じることなどできない[109]」。労働、家族、郷土、宗教、われわれを未来に向かわせる進歩への愛ではなく、過去への愛の優位、それらのことを説いたシモーヌ・ヴェイユ自身は、『根をもつこと』において〈国民革命〉について次のように記した。「どんな事柄においても、スローガンとは正反対の態度を取るのではなく、われわれは〈国民革命〉のプロパガンダから発せられた多くの思想を保持し、そうした思想を真理にしなければならない」（*ibid.*, p. 211［上・二三八―二三九頁］）。そのような彼女は、しかしながら、ペタン主義というかどで米国でド・ゴール派の人々によって非難された。ギュスターヴ・ティボンは、とりわけ二人の哲学的及び政治的な不一致を考慮して、シモーヌ・ヴェイユとの最初の接触が「非常に辛い」ものであったことを打ち明けながら――「シモーヌ・ヴェイユがすでに魂全体で〈レジスタンス活動家〉であったのに対して、私は政治的活動に直接加わることなく、ヴィシー政府の正当性を認めていました」――、それでもこのことは「不和の原因には決してならなかった［……］」と証言した。「私は、もっと後に米国で、彼女が何人かの避難民たちによって浴びせられた、ニュアンスも手の施しようもない激しい非難に対して、不幸な〈ヴィシー政府支持者たち〉を弁護したことを知りました」[110]。ジャン・ヴァールに宛てた手紙で、シモーヌ・ヴェイユ自身はこのような非難に断固として反論している。

このような噂が生じたのは、私が、ここでまったく快適に暮らす者たちがフランスで何とかひどい状況をくぐり抜けてきた人々を卑怯者とか売国奴とか呼ばわりするのをどうしても聞きたくないからなのです。ほぼ間違いなくそのような言い方に当てはまるのは、ひと握りのフランス人たちだけです[……]。売国奴という語は、ドイツの勝利を望み、彼らなりにそのためにできることをしたわずかな人々を指すためにだけ使われるべきです。他の者たちに関して言えば、ヴィシーやあるいはドイツ人とともに働くことを受け入れた人々のうちいく人かは、特定の状況に応じる立派な動機を持っていました。残りの者たちは、ヒロイズムなしには抵抗しえないようなさまざまな圧力に屈した人々なのです。ところで、ここで裁判官をもって任じる大部分の人々は、自分たち自身がヒーローであるかどうかを身をもって知る機会を一度として持ったことはないのです[111]。

**注**

（1） Emmanuel Mounier, «Une lecture de *L'Enracinement*», CSW, V-3, septembre 1982 paru dans *Esprit*, février

1950, p. 172-174.

（2）*SP* II, p. 35.（『詳伝シモーヌ・ヴェイユII　一九三四―一九四三』二五頁）

（3）*OC*, II, *EHP*, 2. p. 153.

（4）Ces deux textes sont regroupés sous l'intitulé *La Condition ouvrière*, dans *OC*, II, *EHP*, 2; repris dans *Œuvres*, p. 193-210.

（5）Émile Novis, «Expérience de la vie d'usine. Lettre ouverte à Jules Romains», *Économie et humanisme*, nº 2, juin-juillet 1942.（「工場生活の経験」『シモーヌ・ヴェーユ著作集II』所収、山本顕一訳、春秋社、一九六八年、一六五―一九一頁）

（6）彼女は一九四〇年九月一三日にH・ボールに自分の詩「いつの日か」を何人かの重要人物に送るように頼む時に、「もし私の名が今のような情勢では望ましくないなら（人種的理由のため）、何らかのペンネームや＊＊＊氏〔某氏〕と載せてほしい」と書いていた（CSW, XIV-3, 1991, p. 205）。

（7）«Expérience de la vie d'usine», p. 290.（「工場生活の経験」一七二頁）

（8）Lettres à Albertine Thévenon (1935), *Œuvres*, p. 141.（「アルベルチーヌ・テヴノン夫人宛ての手紙（一）」『シモーヌ・ヴェーユ著作集I』所収、橋本一明訳、一六五頁）

（9）«Journal d'usine», *OC*, II, *EHP*, 2. p. 192.（『工場日記』田辺保訳、講談社、一九七二年、五六頁）

（10）Lettres à Albertine Thévenon, p. 142.（「アルベルチーヌ・テヴノン夫人宛ての手紙（一）」一六六頁）

（11）«Expérience de la vie d'usine», p. 293.（「工場生活の経験」一七五―一七六頁）

（12）Lettres à Albertine Thévenon, p. 146.（「アルベルチーヌ・テヴノン夫人宛ての手紙（三）」『シモーヌ・ヴェーユ著作集I』所収、橋本一明訳、一八四頁）

（13）«Expérience de la vie d'usine», p. 291.（「工場生活の経験」一七二頁）

（14）«Journal d'usine», p. 282.（『工場日記』一八六頁）

（15）«Expérience de la vie d'usine», p. 297.（「工場生活の経験」一八〇頁）
（16）*E*, p. 63［上・六七頁］. «Expérience de la vie d'usine», p. 299（「工場生活の経験」一八二頁）も参照のこと。
（17）«Journal d'usine», p. 246.（『工場日記』一六二頁）
（18）«Expérience de la vie d'usine», p. 289.（「工場生活の経験」一七〇頁）
（19）«Journal d'usine», p. 193.（『工場日記』五九頁）
（20）*E*, p. 95［上・一〇二頁］. あとの二つの別の障害は、それぞれ余暇の欠如と力の欠如である。
（21）«Journal d'usine», p. 241 et 242.（『工場日記』一五四―一五五頁）
（22）«Expérience de la vie d'usine», p. 299.（「工場生活の経験」一八三頁）
（23）P. Giniewski, *Simone Weil ou la haine de soi*, Paris, Berg International, 1978, p. 232.
（24）«Expérience de la vie d'usine», p. 300.（「工場生活の経験」一八三頁）
（25）«Journal d'usine», p. 253.（『工場日記』一七三頁）
（26）Lettres à Albertine Thévenon, p. 148 et 149.（「アルベルチーヌ・テヴノン夫人宛ての手紙（三）」一八〇頁）
（27）«Expérience de la vie d'usine», p. 294.（「工場生活の経験」一七七頁）
（28）Lettre à Boris Souvarine（avril 1935）, *OC*, II, *EHP*, 2, p. 595, note 91. また以下を参照。*AD*, p. 41 et 42.（『シモーヌ・ヴェーユ著作集Ⅳ』三二頁）
（29）*Œuvres complètes*, t. I, *Premiers écrits philosophiques*（*OC*, I）, textes établis, présentés et annotés par Gilbert Kahn et Rolf Kühn, Paris, Gallimard, 1988, p. 252.
（30）«Expérience de la vie d'usine», p. 301.（「工場生活の経験」一八五頁）
（31）*E*, p. 85［上・九二―九三頁］. とりわけ以下を参照。Henri Bourdais, *La JOC sous l'occupation allemande*, Paris, Éd. de l'Atelier-Éditions ouvrières, 1995.
（32）*OC*, II, *EHP*, 2, 16 mai 1936, p. 333-338.

(33) Lettre à Huguette Baur, *CSW*, XVII-1, mars 1994, p. 4 et 5.

(34) *SP* II, p. 75.（『詳伝シモーヌ・ヴェイユⅡ　一九三四―一九四三』五九頁）他方でS・ペトルマンはユダヤ人に関して次のように注釈を付けている。「シモーヌがユダヤ人たちの殉難の未来についてこれほど述べているということは驚きだ。この時代に彼女がこのことについてかつて語ったことは理解できない」（*ibid.*, p. 76）。（同上）

(35) J.-M. Perrin et G. Thibon, *Simone Weil telle que nous l'avons connue*, Paris, Fayard, 1967, p. 132.（『回想のシモーヌ・ヴェイユ』）

(36) Cité dans Marie-Madeleine Davy, *Simone Weil*, *Paris*, Éd. universitaires, 1956, p. 32.（M－M・ダヴィー『シモーヌ・ヴェイユの世界』三八―三九頁）

(37) *SP* II, p. 360.（『詳伝シモーヌ・ヴェイユⅡ　一九三四―一九四三』二九五頁）

(38) パーリア、「不可触民（intouchables）」、言い換えると、インドのカースト制度の中の下級カーストを指す用語である。

(39) M.-M. Davy, *Simone Weil*, p. 32.（『シモーヌ・ヴェイユの世界』三九頁）

(40) Lettre à X. Vallat, *Œuvres*, p. 974.

(41) Lettre à G. de Tarde, *SP* II, p. 363.（『詳伝シモーヌ・ヴェイユⅡ　一九三四―一九四三』二九八頁）

(42) *SP* II, p. 351.（『詳伝シモーヌ・ヴェイユⅡ　一九三四―一九四三』二八七頁）

(43) Lettre à G. de Tarde, *SP* II, p. 363.（同書、二九八頁）

(44) Lettre à Gilbert Kahn (5 octobre 1941), *CSW*, XVIII-4, décembre 1995.

(45) Lettre à X. Vallat (18 octobre 1941), *Œuvres*, p. 973 et 974.

(46) «Pensées sans ordre concernant l'amour de Dieu» (*PSO*), *OC*, IV, 1, *EM*, p. 281.

(47) Lettre 4 au père Perrin, «Autobiographie spirituelle», *AD*, p. 48; repris dans *Œuvres*, p. 765-790.（ペラン神父への手紙四「霊的自叙伝」三七頁）

（48）P. Giniewski, *Simone Weil ou la haine de soi*, p. 231.
（49）*OC*, VI, *Cahiers*, 2, *K4*, [*ms*. 126], p. 152.（『カイエ１』四四六—四四七頁）
（50）*OC*, VI, 2, *K4*, [*ms*. 6], p. 62.（『カイエ１』三一〇頁）
（51）Lettre à G. Thibon, *PG*, p. vi.（『シモーヌ・ヴェーユ著作集Ⅲ』一六頁）
（52）Lettre à G. Kahn, *SP* II, p. 375.（『詳伝シモーヌ・ヴェイユⅡ 一九三四—一九四三』三〇八頁）
（53）Lettre à H. Honnorat, *SP* II, p. 374.（同書、三〇六—三〇七頁）
（54）J.-M. Perrin et G. Thibon, *Simone Weil telle que nous l'avons connue*, p. 148 et 149.（『回想のシモーヌ・ヴェイユ』一三四頁）
（55）«Le christianisme et la vie des champs», *OC*, IV, 1, *EM*, p. 263.
（56）«Condition première d'un travail non servile», *ibid*., p. 420.（「奴隷的でない労働の第一条件」『シモーヌ・ヴェーユ著作集Ⅱ』所収、山本顕一訳、春秋社、一九六八年、一九四頁）
（57）«Le christianisme et la vie des champs», *ibid*, p. 267.
（58）*PSO*, *ibid*, p. 283.
（59）*Ibid*., p. 283. また以下を参照。«Condition première d'un travail non servile», *OC*, IV, 1, *EM*, p. 424.
（60）«Formes de l'amour implicite de Dieu», *ibid*., p. 298.（「はっきり意識されない神への愛の諸形態」『シモーヌ・ヴェーユ著作集Ⅳ』所収、渡辺秀訳、春秋社、一九六七年、一一四頁）
（61）«Cette guerre est une guerre de religions», *EL*, p. 105.（「この戦争は宗教戦争である」『ロンドン論集とさいごの手紙』所収、一二二頁）
（62）*PSO*, *OC*, IV, 1, *EM*, p. 283.
（63）«Condition première d'un travail non servile», *OC*, IV, 1, *EM*, p. 426.（「奴隷的でない労働の第一条件」二〇二頁）

(64) *OC*, VI, 4, *K13*, [*ms.* 99], p. 148.（『カイエ４』九一頁）

(65) «Formes de l'amour implicite de Dieu», *OC*, IV, 1, *EM*, p. 298.（「はっきり意識されない神への愛の諸形態」一一四頁）

(66) Erich Voegelin, *Les Religions politiques*（1938）, trad. de l'allemand par Jacob Schmutz, Paris, Éd. du Cerf, 1994. この著作のほとんどすべては、ゲシュタポによって押収された。ナチスは、既に出版から二年でオーストリア国家について書かれた前著『権威主義的国家（*Die autoritäre Staat*）』（Springer, 1936）の販売を禁止していたが、エーリッヒ・フェーゲリンは教えることも禁じられた。

(67) «Les origines du totalitarisme», trad. de l'allemand par S. Courtine-Denamy, dans Enzo Traverso, *Le Totalitarisme. Le XXe siècle en débat*, Paris, Éd. du Seuil, coll. «Points essais», 2001, p. 437.

(68) W. Gurian, «Le totalitarisme en tant que religion politique»（1953）, trad. de l'anglais par S. Courtine-Denamy, dans *ibid.*, p. 448-460.

(69) Raymond Aron, *L'Âge des empires et l'avenir le la France*, Paris, Éd. Défense de la France, 1946, p. 288.

(70) J.P. Sironneau, «Eschatologie et décadence dans les"Religions politiques"» http://www.u-bourgogne.fr/CENTRE-BACHELARD/confdoctorales.htm.

(71) «Ébauches et Fragments divers», *OC*, II, *EHP*, 2, p. 121.

(72) Erich Voegelin, *Science, politique, gnose*（conférence de Munich, 1958）, trad. de l'allemand par M. B.de Launay, Paris, Bayard, 2004, p. 39.

(73) «Lettre à un religieux», *Œuvres*, p. 1014.（「ある修道者への手紙」『シモーヌ・ヴェーユ著作集Ⅳ』所収、大木健訳、春秋社、一九六七年、二六九頁）

(74) *OC*, IV, 4, *K18*, [*ms.* 7], p. 364.（『カイエ４』五六二頁）同じく以下も参照。「よく秩序立った社会生活においては肉体労働が占めるべき場所を定義するのは簡単である。肉体労働は社会生活の精神的中心でなければならな

い」（*E*, p. 380［下・一八〇頁］）

（75） *OC*, IV, 2, *K6*,［*ms.* 86］, p. 356.（『カイエ2』二二四頁）

（76） Lettre à Jean Wahl du 4 novembre 1942, *CSW*, X-1, 1987; reprise dans *Œuvres*, p. 977 et 978.

（77） E. Renan, *Qu'est-ce qu'une nation? et autres essais politiques*, textes choisis et présentés par Joël Roman, Paris, Presses Pocket, 1992, p. 38.（E・ルナン他『国民とは何か』鵜飼哲・大西雅一郎・細見和之・上野成利訳、河出書房新社、一九九七年、四三頁）

（78） E. Renan, *Qu'est-ce qu'une nation?*, p. 54.（E・ルナン『国民とは何か』六一頁）

（79） «En quoi consiste l'inspiration occitanienne?», *Œuvres*, p. 673.（「オク語文明の霊感は何にあるか？」二二〇頁）

（80） *E*, p. 72［上・七七頁］. 以下もまた参照。*OC*, VI, 4, *Cahiers*, *K14*,［*ms.* 56］, p. 192:「自分自身の過去から根こぎになることは、人間にとって最も大きな悪である」（『カイエ4』一四八頁）。

（81） Platon, *La République*, VI, 493 a-d.（プラトン『国家（下）』藤沢令夫訳、岩波文庫、一九七九年、四五―四八頁）

（82） *PG*, p. 186.（『重力と恩寵』二七四頁）

（83） *OC*, *Cahiers*, VI, 3, *K9*,［*ms.* 34］, p. 181.（『カイエ3』一五三頁）

（84） «l'inspiration occitanienne», *Œuvres*, p. 678 et 679.（「オク語文明の霊感は何にあるか？」二二九頁）

（85） Lettres à Posternak（été 1937）, *Œuvres*, p. 657 et 658.

（86） *E*, p. 148［上・一六五頁］. 以下もまた参照。*E*, p. 165:（「愛のない偶像崇拝、これほどぞっとさせる、これほど悲しいことがあるだろうか」［上・一八五頁］）

（87） Lettre à Émile Courrière, [janvier 1941?], *OC*, VI, 1, *EM*, p. 460.

（88） *SP* II, p. 285.（『詳伝シモーヌ・ヴェイユII 一九三四―一九四三』二三三頁）

（89） «About the problems in the French Empire», trad. Georges Charot, avec la collaboration de J. P. Little,

Françoise Durand-Echard et Robert Chenavier, *CSW, Textes inédits de New York* (II), XXII-3, septembre 1999, p. 243.

(90) *OC*, II, *EHP*, 3, p. 135. とりわけ以下のものを参照。«Le Maroc ou de la prescription en matière de vol», «Le sang coule en Tunisie», «Qui est coupable des menées antifrançaises?», «Ces membres palpitants de la patrie. . .», *ibid.*, p. 123-151.

(91) «About the problems in the French Empire», p. 251.

(92) «Treatment of negro war-prisoners from the French Army», *CSW, Textes inédits de New York* (II), XXII-3, septembre 1999, signé «Francis Brown», p 259 et 261.

(93) Simone de Beauvoir, *Mémoires d'une jeune fille rangée*, Paris, Gallimard, 1958, p. 236.（シモーヌ・ド・ボーヴォワール『娘時代』朝吹登水子訳、紀伊国屋書店、一九六一年、二三一頁）

(94) R. Aron, *Mémoires: cinquante ans de réflexion politique*, Paris, Julliard, 1983, p. 78 et 79; cité dans *Œuvres*, p. 1249.（レーモン・アロン『レーモン・アロン回想録1――政治の誘惑』三保元訳、みすず書房、一九九九年、八二―八三頁）

(95) «Les nouvelles données du problème colonial», *OC*, II, *EHP*, 3, p. 149 et 150; repris dans *Œuvres*, p. 417-424.

(96) *Poèmes suivis de Venise sauvée. Lettre de Paul Valéry*, Paris, Gallimard, coll, «Espoir», 1968.

(97) *OC*, VI, *Cahiers*, 4, *K16*, Annexe 5, [*ms.* 37], p. 429.

(98) *OC*, VI, *Cahiers*, 2, *K4*, [*ms.* 65], p. 106.（『カイエ1』三八二頁）

(99) 大部分のフランス人たちは、ド・ゴール将軍の顔立ちを知りもしなかった。フランス防衛隊は彼の写真を広め、ジュヌヴィエーヴ・ド・ゴールは自分の伯父を知らしめるのに貢献した。「人の話では、ド・ゴールはペタンの私生児であり、ペタンと非常に親しい友達だったので、自分の息子をフィリップと名づけ、〔ペタン〕元帥がその名づけ親とのことであった〔……〕私の同僚たちでさえ大したことは知らなかった」。以下の著作からの引用。Olivier Wieviorka, *Une certaine idée de la Résistance*, Paris, Éd. du Seuil, 1995, p. 206.

(100) «Gaullism as a political mouvement», *CSW*, XXII-1, mars 1999, p. 25 et 27.

(101) «Légitimité du gouvernement provisoire», *EL*, p. 61.（「臨時政府の正当性について」『ロンドン論集とさいごの手紙』所収、六七頁）

(102) «La Personne et le sacré», *EL*, p. 44.（「人格と聖なるもの」『ロンドン論集とさいごの手紙』所収、四六頁）

(103) «Légitimité du gouvernement provisoire», *EL*, p. 62 et 63.（「臨時政府の正当性について」七〇頁）

(104) «Réflexions sur la révolte», *EL*, p. 116.（「反乱についての考察」『ロンドン論集とさいごの手紙』所収、一三六頁）

(105) *E*, p. 244［下・一八頁］.「征服や政府の権力維持のとりこになった政党は、こうした［不幸な者たちの］叫びの中に騒音しか聞き取れないということは明らかである。そのような政党はこの騒音が自分自身のプロパガンダを邪魔するか、あるいは逆にそれを肥大させるかに応じて、別なふうに対処するだろう。しかしいかなる場合においても、この政党には、叫びの意味を見抜くための敏感で予知的な注意力を持つことは可能ではない」（«La Personne et le sacré», *EL*, p. 15）。（「人格と聖なるもの」八頁）

(106) «Réflexions sur la révolte», *EL*, p. 112.（「反乱についての考察」一三一頁）

(107) E. Renan, *Qu'est-ce qu'une nation?*, p. 54.（『国民とは何か』六〇頁）

(108) *SP* II, p. 506-508.（『詳伝シモーヌ・ヴェイユⅡ　一九三四―一九四三』四一五頁）

(109) *SP* II, p. 477 et 478.（同書、三九三頁）

(110) J.-M. Perrin et G.Thibon, *Simone Weil telle que nous l'avons connue*, p. 140 et 141.（『回想のシモーヌ・ヴェイユ』一二〇頁）

(111) Lettre à Jean Wahl（4 novembre 1942）, *Œuvres*, p. 977 et 978.

# 第四章　どのような精神的霊感か？

「非ユダヤ的環境への全面的同化に到ることなく、ユダヤ人として生まれユダヤ教についてまったく知らずにいること［……］は一つの不運である」（『ユゲット・ボールへの手紙』）。

「私はいわばキリスト教の霊感において生まれ、成長し、常にその中にいた」（『神を待ちのぞむ』）。

今やわれわれは、シモーヌ・ヴェイユが言及した、文明に対する、およその名にふさわしい文明に対する四番目の、そして最後の障害、すなわち、たった一つの存在——いわんや「白人種の中で唯一のもの」――が地球の表面上で免れられるかどうかが疑わしい四番目の「欠陥」のところまで来た。シモーヌ・ヴェイユが労働者の、農民の、そして国民のもう一度根をもつことを検討する仕方に関して、われわれによって先ほど繰り返されたあらゆる命題を考慮に入れると、彼女が「われわれにおける宗教的霊感の欠如」(*E*. p. 227〔下・五八頁〕)を激しく告発しているのを見ても、驚くには値しないだろう。シモーヌ・ヴェイユはここで、地理的な国境に閉じこもらないパトリオティスム〔郷土愛・祖国愛〕の概念を回復することによって、あるいはむしろ作り直すことによって、国家(Etat)の全能性への解毒剤を見出そうとして用いた語と同じ語、すなわち「霊感」という語を使ったが、それはまた彼女がオク語文明とその文明が持つ力への嫌悪とを生気づけた息吹きを賞賛する時に用いたのと同じ語でもある。もう一度言うが、彼女が全体主義的な危険に抵抗するように訴えるのは精神的武器によってである。というのも、彼女は、「もしもわれわれが米国のお金と工場によって解放されるだけであるならば、われわれはどっちみちわれわれが被っているのと同等の、もう一つの隷属に再び陥るであろう」(*EL*, p. 107〔一二四頁〕)ということを心の底から確信していたからである。それゆえ、再び根をもつことは、われわれがそれをざっと説明してきたように、実存のあらゆる水準において、聖なるものの再発見を経由する。「キリストは人が働く場所、人が学ぶ場所に不在であってはならないだろう(1)」。繰り返すが、寛容の名において賞賛される政教分離は、シモーヌ・ヴェイユから見れば、誤りであり――「それ〔政教分離〕は全体主義的な宗教に対する反作用としてのみ何がしかの正当性を持つ」(*OC*. IV. *EM*. 1. p. 298

〔著④一一四頁〕）――、そして宗教にその場を与えないような教育は「馬鹿げている」（*E*, p. 120〔上・一三一頁〕）。シモーヌ・ヴェイユの描くところによれば、現在宗教が受け持つ状況は次のようなものである。ひとたび教会と国家の分離が成し遂げられてしまえば、すなわち、ひとたび教会が「公的なものに割り当てられた」義務の特性を失ってしまえば、ひとたび教会が「選択も意見も趣味も〔……〕ない問題、ほとんど空想の問題になってしまえば、政党の選択のような何ものか、あるいはネクタイの選択のような何ものか」になってしまえば、それは「〔……〕日曜の朝に、一時間か、二時間を過ごしに行く場所」（*ibid.*, p. 163〔上・一八二―一八三頁〕）でしかない。ところで、「日常生活や労働の現在の在り方においてて神の諸真理を読み取ることを可能にする象徴体系[2]」を明るみに出すことが必要なのは、まさしく「ひとは絶えず教会にいるわけではない」からである。したがって、宗教は、われわれを何ものかに再び結びつける（re-lie）ところのものというその語源的な意味において、実存全体に深く浸透しなければならないのである。「すべての人間存在は、彼らが何をしようと、彼らがどこにいようと、青銅の蛇の上に来る日も来る日も眼ざしを向けることができるようにならなければならないだろう[3]」。

しかし、シモーヌ・ヴェイユが自分に要求する宗教的「霊感」とはどのようなものなのか。たとえさまざまな事実がその後知られているとしても[4]、彼女自身は、ジャック・マリタンに、不可知論者のユダヤ人家庭に生まれ、それゆえどのような宗教的教育も受けることはなかったと自己紹介していたことを思い起こそう。コーシャー（kasherout）の戒律〔ユダヤ教の食の掟〕――当時のヴェイユ家の子どもたちからすれば「料理の偏執」[5]としか思えなかったが——に関して几帳面に監視するために、よくヴェイユ家に来ていた、非常に敬虔な父方の祖母がいたにもかかわらず、彼女は一一歳の時に初めて自分の血統を知ることになった[6]。公教育大臣のジョルジュ・リペールへの手紙において、彼女は、ヴィシー政府の許可によって、公表されたばかりの「ユダヤ人身分法」の中の「ユダヤ人」という語の意味に対して腹を立てながら皮肉を言い——「私はユダヤ人という語の定義を知りません。そんなものは私の勉強の正課にはまったくありませんでした」——、その上家庭の行いに関して、次のように断言する。「私は父方の祖母がシナゴーグに行っていたことを覚えています。父方の祖父も同じだったと言うのを聞いたことがあります。母の両親は二人とも自由思想家だったことを知っています」。しかしながら、この問題に関して、彼女は遺産というどんな概念をも拒否する。「私は、どんな宗教も実践せず、これまでどんな宗教も実践してきませんでした。そんな私にとって、ユダヤの宗教から何かを受け継ぐことなど間違ってもありません」。これ以上明らかなことはないだろう。一年後、一九四一年一〇月一八日の、ユダヤ人問題担当の政府委員グザヴィエ・ヴァラ宛ての手紙において、彼女は「ユダヤ人身分法」を「不正」で「馬鹿げている」と述べている。「というのも、祖父母のうちのたった三人がシナゴーグに行っていたという理由だけで、どうやって数学のアグレジェが幾何学を学ぶ子どもたちに害を与えると思えるのか、理解できないからです[7]」。歴史的な出来事の推移によって再びからめ取られ、シモーヌ・ヴェイユは諦めの態度を見せはしたが、しかしました、われわれは既に見たが、ユゲット・ボールが彼女と両親に提供した避難所を断った、彼女のユゲットへの手紙の言葉が示しているように、人種差別の爆発を予想するなど、鋭い反応も示した。「こうした出来事がフランスでも起こるだろうと私に言わないでください。事態は反対であると確信しています。どんな苦渋も感じていません。〔……〕悲惨と拡散する暴力の時代において、人間存在のよく規定され、限定されたカテゴリーがこの時代に不幸の最も強烈な形態をもたらすというのは、むしろ好ましくさえあります。私がこのカテゴリーの一員でなければ、私はもちろんこんなふうにはお話ししないでしょう。その一員だからこそ、私にはその権利があるのです」(8)。一九四一年六月二日の政令によって、非占領地区にいるすべてのユダヤ人に人口調査が強いられたように、たとえ彼女がこの調査を拒否したとしても——「私はゲットーに行くよりも刑務所に行く方がずっといい」——、この〔ユダヤ人という〕形容語に当てはまると彼女には思われる意味を見出せなかったために、シモーヌ・ヴェイユは、彼女自身が容赦なくパーリアの側に投げ出された時でさえ、ただそれに従うことしかできなかったのである。読者はここで、われわれが既に引用した、ルネとヴェラ・ドーマルに宛てた彼女の次のような手紙を思い出すだろう。すなわち、この手紙において、彼女は、ブドウの収穫のために出発することを彼らに知らせた時、自分をシュードラ（cudras）になぞらえていた。「もしも、それでも、法律が、その意味について私の知らない〈ユダヤ人〉という語を私の人格に適用できる形容語と私が見なすことを要求するならば、私にはそれが何であろうとどんな法律にもそうするようにそれに従う覚悟があります」(9)。シモーヌ・ヴェイユが実際に初めて、タリス〔ユダヤ教の礼拝の時に男性が着用する肩掛け〕を着用して祈るポーランドのラビたちの儀式を見て非常に驚いたのは、ニューヨークへと向かう航海の途中、カサブランカに寄港した時であり、――しかも、彼女は、エレーヌ・オノラへの手紙において、「もしも彼〔二人の最初の出会いの時に、この時代の不幸が強めたイスラエルへの愛を彼女に確信させたペラン神父〕がわれわれに会うことができたならば、私には、彼がとても心を痛めることと思われます(10)」と打ち明けていた――また彼女がエチオピアのユダヤ人のためのシナゴーグの中に初めて入ったのは、ニューヨークにおいてである。

ユダヤの宗教の中で成長したわけではなかったが、シモーヌ・ヴェイユはそれでも、マルセイユでの滞在の際に、少なくともユダヤ的伝統の起源のうちの一つに対して好奇心を示した。マルセイユでは、彼女は、語学の才能を持ちながら、ヘブライ語の勉強はせずに、ユダヤ教会大ラビのザドック・カーンの監修の下に出版された旧約聖書のフランス語訳の二巻を、大変入念に、そして詳細に注釈を加えながら読んでいた。ところで、少なくともこれだけは言えるが、この読書は、彼女を、「根」とまでは言えないが、自分の「起源」に近づけさせるどころか、反対に根本的に、永久にそこから引き離すことになった。一九四一年一月二三日に、シモーヌ・ヴェイユは、ジャン・バラールが準備していた、「オクの精神」についての特集号のための、「カタリ派における精神的愛」というデオダ・ロシェの論文と、彼のカタリ派に関するパンフレットとを読み、彼に対して、自分の「反ヘブライ主義」の最初の証拠となる一通の手紙を送った。自然に湧き上がる力を拠り所にして、それゆえまだ「カタリの司祭」の諸著作を読む前に、彼女は実際に旧約聖書に関する彼らの意見を援用する。すなわち、「旧約聖書〔……〕においてあなた〔デオダ・ロシェ〕は非常に正確に、権力への崇拝がヘブライ人に善と悪の概念を失わせたと言います。情け容赦ない残酷さに満ちた物語に許された、聖なるテクストの地位は、私を常にキリスト教から遠ざけたままにしてきました。だからこそ、二〇〇〇年以上にわたってずっとこれらの物語はキリスト教思想のあらゆる潮流に影響を及ぼし続けたのです」。また彼女は次のように続ける。「私は、聖書のヤーウェと福音書で引き合いに出される父なる神とを、たった一つの同じ存在とみなすことが、合理的精神にいかにして可能かということを決して理解できませんでした[11]」。この最初のテクスト以降、シモーヌ・ヴェイユは旧約聖書との関連で新約聖書を論じること、言い換えるとその系譜――キリスト教において旧約聖書から霊感を得たあらゆるものは悪いものである。それはまず教会の聖性という考え方であり、この考え方はイスラエルの聖性のそれを範とするものである[12]――を非難する。すなわち、彼女がキリスト教から「一掃」したかった系譜を非難する。「キリスト教からイスラエルの遺産を一掃しなければならない[13]」。更に、彼女の非難は、彼女がもっぱら旧約聖書の預言者たちに帰す、力や暴力の偽りの役割へと向けられる。「万軍の主（Yahveh Sabaoth）」を「〈天上の軍隊〉の神」として理解するどころか、シモーヌ・ヴェイユはそれを「イスラエルの軍隊[14]」の神として解釈し、次のように書きさえする。「もしも良き時代のヘブライ人たちがわれわれの間で蘇ったならば、彼らが最初に考えることは、偶像崇拝の罪を犯したという理由で、ゆりかごの中の子どもたちを含め、われわれすべてを虐殺し、その上われわれの町を破壊するであろう。彼らはキリストをバアル、マリアをアスタルテと名づけるであろう」[15]。逆に、彼女は、『オクの精神（*Génie d'Oc*）』号に寄稿した自分自身の論文において、「力への恐怖を非暴力の実践へと、そしてまた力の領域に属するすべてのもの、すなわち、肉的なすべてのものや社会的なすべてのものを悪から生じさせる教義へと、推し進める［カタリ派］[16]」を称賛する。「イスラエルと異教徒」というテクストは、おそらく一九四〇年一〇月と一九四二年五月の間にマルセイユで書かれたはずだが[17]、このような批判を再び取り上げている。そこでは、批判はヤーウェの「全能」の属性をめぐってなされるが、シモーヌ・ヴェイユは、『死者の書』を引用することによって、それがオシリスの受難において受肉化した〈善〉への愛である限りにおいて、このエジプトの神概念をヤーウェのそれに対置する。彼女の結論によれば、このエジプト的な認識の拒絶こそが「イスラエルに関するヘロドトスのかくも不可解な沈黙」を説明することになる。モーセによって、道徳が聖書の中に出現したことを彼女が認めるのは、それは、しかしながら、直ちに、モーセが「エジプト的な英知において教育され」たことを明確にするためであり、そしてまた「隣人愛の教えが耐えがたい、たくさんの残酷さと不正の掟の中で見えなくなりかき消されてしまった[18]」ことを指摘するためである。亡命までは、聖書の登場人物の一人、ダニエルだけが彼女のお眼鏡にかなっていたのだが、彼女は何と、その彼が「カルデアの英知の手ほどきを受け」たであろうという仮説を提出する！　シモーヌ・ヴェイユが絶えず立ち返る、もう一つの不満の種は「選民」の概念に関わるものであり、この概念において彼女はイスラエルでなされた啓示を無視することを決心し、「社会的偶像崇拝、最悪の偶像崇拝[19]」以外のものを見ないふりをする。「イスラエルは単に一つの意味だけで選ばれたにすぎない。それはまさにそこでキリストが生まれたからなのである。しかしまた、そこで彼は殺されたのである。ユダヤ人たちは、誕生よりもこの死のほうにより多く関係している[20]」。ヘブライの人々に対して、シモーヌ・ヴェイユはここで、もはやカタリ派ではなく、ギリシア人たちや中国の道教のテクストやヒンドゥーの聖典を対置する。彼女はドン・クレマン・ジャコブに次のように問う。「もしも、神の真の認識が、キリスト教徒において、古代においてそうであった以上に、またインドのような非キリスト教圏において現在そうである以上に、広まっているという意見を少なくとも非常に疑わしいもので、おそらくは誤ったものとみなすとすれば、その場合には破門されるのでしょうか[21]」。一九四二年三月末の日付を持つカイエIXにおいて、彼女は聖書の主な登場人物の「汚点」のリストを作成する。たとえ彼女が、穢れなき、「完全に純粋な」存在であるように見える、アベル、エノク、ノア――少なくともノアの洪水までは――を、そのリストから除外するにしても、その代わりに、「もっぱらアブラハム以降は、そのすべての子孫（ダニエル、イザヤ、その他のいく人かの預言者たちは別として）は、全員まるでわざとそうであるかのように穢れており、残虐である[22]」。彼女は、改めてヘブライ人たちを非難する。彼らは、「自分たちにふさわしい神」しか持たなかった。すなわち、「追放までは人間の魂に話しかけることのなかった肉的で集団的な神しか持たなかった。（〔旧約聖書の〕詩篇においてそうしない限りは……）」。そのようなヘブライ人たちがエジプトの啓示を拒否したからである。彼女は「キリスト教徒に重くのしかかるイスラエルの呪い[23]」を激しく非難し、「キリストの死刑執行人であるために［のみ］選ばれ[24]」たこの民族の無分別へと立ち返る。しかし、彼女は、われわれのより大きな不快感にもかかわらず、もっと先まで進む。というのも、シモーヌ・ヴェイユがこのテクストを書いた日付については少なくとも間違っていると思われるが、その日付を考慮すると、ひとは彼女の精神において、もっぱら「ヘブライ人たち」だけが問題なのかどうかを自問できるからである。「資本主義、それはイスラエルであった――（それは今も相当程度そうである……）全体主義、それはイスラエルである（とりわけその最悪の敵において[25]）」。一九四二年の三月と四月の間に書かれた、それに続く「カイエ」では、用語のずれが認められる。すなわち、今の時代のユダヤ人たちは、ヘブライ人たちの、イスラエルの、「地球全体の根こぎ［……］」に責任を負うところの「この一握りの根こぎにされた人々」の、立派な子孫のように見える［……］。「ユダヤ人たち、すなわち、資本主義、全体主義は、このような根こぎの進展の一部である。反ユダヤ主義者たちは、もちろん、ユダヤ人の影響を伝播させているのである。ユダヤ人たちは、根こぎの毒である[26]」。それゆえ、これが明らかになった、われわれの文明を蝕む病いの真の犯人なのであり、この文明は現在まで「不可知論の病い」としてしか診断されてこなかった。「キリスト教の実体そのものに浸透した、彼らの［改めてヘブライ人たちが問題である］偏見は、ヨーロッパを根こぎにし、ヨーロッパをその何千年もの過去から切り離し、宗教的生と世俗的生の間の乗り越えられない水密隔壁（cloison étanche）を作り上げた。したがって、世俗的生はいわゆる異教時代からまるごと受け継がれてきたのである。このように根こぎにされたヨーロッパは、古代といかなる結びつきを作り直すこともできないほど、かなりの程度、キリスト教の伝統そのものから分離されることによって、後にそれ以上に根こぎにされてしまった。もう少し後に、ヨーロッパは地球の他のすべての大陸に進出し、今度は、これらの大陸を、武器や金銭や技術や宗教的プロパガンダによって根こぎにした」[27]。われわれの不快感は、シモーヌ・ヴェイユが一九四二年一〇月にジャン・ヴァールに宛てた手紙を読むともっと強くなる。彼女は、神話学や古代哲学、ギリシアの詩、世界の民間伝承、『ウパニシャッド』や『バガヴァッド・ギータ』、中国の道教、エジプトの聖典、キリスト教の信仰のドグマ、十字架のヨハネ、カタリ派やマニ教といった異端をごちゃごちゃに引用し――その中から同一の思想を区分けしながら[28]――、モーセとモーラス〔シャルル・モーラス、一八六八―一九五二〕とを同一視することをためらわない。「ユダヤ人に関しては、モーセはこの英知を知った上で、それを拒んだのだと思います。なぜなら、彼は、モーラスと同様に、宗教を民族の偉大さの単なる手段と見ていたから……」[29]。ヨブ記――「その主人公はユダヤ人ではない」[30]――や、大部分の詩篇――あるいは少なくとも「いくつかのダビデの詩篇（しかし、その作者は確かなのだろうか）」[31]――や、ソロモンの雅歌――（「しかし、それは追放より先なのだろうか」）〔L.R. p 987〔著④二二四頁〕〕――や、また、知恵の書、「第二のイザヤ」、何人かの取るに足りない預言者たち、ダニエル書やトビア書といったものは彼女の非難を免れるが、「旧約聖書の残りのほとんどすべては恐怖の織物である」[32]。そして、彼女がその中に「エジプト書の歪曲され手直しされた伝統」しか見ようとしなかった『創世記』の最初の一一章も、同じように、彼女の怒りを免れたが、それは、ひとえに、ひとたびネブカドネザルによってユダヤ人国家が破壊されると、[33]「まったく行先をなくし、あらゆる種類の国家に混入した」ユダヤ人たちが受けた他国の貢献によってである。

しかしながら、シモーヌ・ヴェイユに対して最も好意的な注釈者たちでさえ、まったく批判的分析の欠けた、このような非常に「主観主義的な」読解の「極端さ」、「行き過ぎ」、そして「浅薄さ」を指摘することを忘れなかった。彼らは、シモーヌ・ヴェイユの「ばかばかしさ」、また、「素朴さ」や「無知」[34]、そして「生まれつきの無分別」を取り上げることを忘れなかった。彼女は、信じるに足る注釈の読みを信用することもなく、自分の読みとそれとを照合させる手間をかけることもなく[35]、自分の望むものだけをヘブライ語の聖書から取り出した。それゆえ、彼女の多くの解釈は、聖書解釈者たちに反するものとなっている[36]。その証拠となるのは、とりわけ、少なくとも根拠のない、一九四二年五月という日付を持つ、ハム[37]――シュメール人、エチオピア人、エジプト人、フェニキア人、エゲオ＝クレトワ〈ペリシテ人〉、そしてイベレス人たちがそれに属している――に関するもの、要するに、地中海周辺の「文明を伝えたすべての民族[38]」に関するものである。シモーヌ・ヴェイユは実際、ノアと「キリストの姿[39]」とを、すなわちあの〈仲介者〉とを同一視する。そしてもしもこの仲介者がなければ、「人間と神との間には、ひとからひとへの接触は存在しえないことになり、また、［その外部では］、神の人間への現前は集団的で民族的なものでしかありえないということになる」[40]。その上で彼女は、ヘブライのテクストにおける仲介者の不在を嘆く。実際に彼女は、次のように書いている。「創造者であり、全能者であり、その上同時に自己同一的でもある神とは別の、第二の神の位格、すなわち、英知であるとともに愛であり、宇宙全体の組織者であり、人間の教師であり、受肉によってそれ自体において人間の本性と神のそれとを統一するものであり、仲介者であり、苦しむものであり、魂をあがなうものであるところのこの第二の神の位格の認識と愛、それこそが諸民族が、ハムの娘である民族の素晴らしい木の陰に見出したものである」[41]。ノアの三人の息子の中で一番年下のハムは、「すべての話の場合と同様に」、父の裸や酩酊を見たことで恨まれるどころか、彼女によれば、そうすることで、「神秘的思想の啓示」[42]を受け取った唯一の者となる。それに対して、兄弟のセムやヤペテの子孫たちは後ずさりしながら何とか父の裸を隠そうと努めることで、「それを見ようとしなかった」[43]。しかし、その彼らが精神的生活に到達することになるのは、ハムの民族の征服や破壊の後で、彼らがその民族の「宗教的・哲学的思想の採用に踏み切って」以降のことである。「ほとんどすべてのギリシア人、ケルト人、バビロニア人、六世紀以降のヘブライ人の一部」については事情はそうであった。逆に、「スパルタ人、ローマ人、ネブカドネザル以前のヘブライ人、おそらくアッシリア人のように、傲慢さや権力への意志によって、教化されるのを拒んだ」人々は、「精神的生活も、ほとんど知的生活もない、野蛮な状態に留まった」[44]。しかし、ヤペテとセムの息子たちに関しては、もっと悪いことがある。というのも、シモーヌ・ヴェイユは何のためらいもなしに、彼らの中に、「今日大騒ぎ［……］している」人々を見ているからである。「残虐な憎しみによって分離された、一方の権力者たち、そして他方の迫害者たち、しかし彼らは兄弟であり、非常に似ている」。言い換えれば、彼女は、きっぱりと、この両者を、今日のアーリア人とユダヤ人と同じものとみなす。彼女から見ると、その共通点は彼らの「裸性の拒否、衣服の欲求である。この衣服は、肉と、とりわけ集団的な温かさからなり、各自が持つ悪を光から守ってくれるのである[45]」。

このような聖書の再読というシモーヌ・ヴェイユの発想が、ユダヤ人として生まれて、その伝統をまったく知らないままに過ごした「不運」を払いのけるために彼女にもたらされたと仮定してみよう。その場合、なるほど、その意図は理解できるし、称賛に値するが――この仮定を可能にしているのは、ヤペテとセムの子孫たちに関する引用に加えて、ジャン・ヴァールへの彼女の手紙における一つの挿入句である。そこで彼女は、自分の精神が現在「今日性とはまったく無縁の事柄」で占められていると主張しながら、それでもなお、ユダヤ人を対象とする迫害への暗示として、「（今日の問題とはいえ、聖書のそれと間接的な関係がある）[46]」と付け加えている――、しかしながら、われわれが認めることができるのは次のことだけである。すなわち、彼女の試みが失敗に終わった点、そしてまた、アーレントの用語で「自分の所与に対する感謝」と呼ばれうるもの、自分で決意して自分のものにすることのできないような所与が彼女の中には全面的に欠けている点である。哲学者ハンナ・アーレントは、アイヒマン裁判に関する彼女の本の出版への応答として、イスラエルに対する「愛の欠如」というかどでアーレントを非難したゲルショム・ショーレムへの手紙において、実際に次のように述べた。「私は常に自分のユダヤ性を私の生の現実的で疑いようのない所与の一つとみなし、決してこの種の事実を変えたいとも否認したいとも思ったことはありません〔……〕一種の根本的な感謝が、あるがままのすべてのものに対して、与えられたものや与えられなかったもの、またなされえなかったもののすべてに対して、自然的であって人為的ではないものに対して、一種の根本的な感謝が存在します(47)」。個人的次元でシモーヌ・ヴェイユを動かし、彼女が到来を願う文明のために優先させようとする、宗教的霊感は、ユダヤ的な腐植土の中に根づくことはありえないであろう。それゆえ、ひとは、次のような逆説を認めることしかできない。シモーヌ・ヴェイユは、ヴィシー体制によって、自分の祖先の共同体へと送り返されることになったが、しかしながら、かくも明晰に時代の病いである精神的根こぎに診断を下した、まさにその彼女自身はと言えば、ユダヤの共同体に根を下ろすことはできなかったということである。それにもかかわらず、Fl・ド・リュシーが暗示するように(48)、「彼女が熱烈に愛した後にしりぞけたマルクスによって公言されたメシア信仰」に直面した時に、この女性哲学者が感じた失望に匹敵する「失望」をこのようユダヤ性への拒絶の態度の中に見なければならないのだろうか。しかし、ひとは反論するだろうが、シモーヌ・ヴェイユは、いつそしてどこで、ユダヤ人が「大好きだ」と表明したのだろうか。旧約聖書に逆らって、シモーヌ・ヴェイユによって発せられる「罵倒(49)」は、「反ヘブライ主義(50)」、「反ユダヤ教(51)」、また「反ユダヤ主義」とも言われるが――「この反ユダヤ主義という言葉が国民社会主義の信奉者たちの反ユダヤ主義とはまったく関係がない[52]」と詳しく説明することによって、それらの罵倒に文体的な慎重さを付け加えるにせよ、もっと乱暴に言って、彼女を、「反ユダヤ主義者のユダヤ人の系譜に[53]」位置づけるにせよ——、そのことは既に何度も論じられてきた。また、レオン・ポリアコフのようなユダヤ教の偉大な歴史家はシモーヌ・ヴェイユを「ヴァイニンガーの亜流[54]」のうちに、言い換えれば、自分たちのユダヤ性の部分を憎む、このようなユダヤ人思想家のうちに数えていた。ポール・ジニウスキーは次のように書く。「彼女は、罰せられたがゆえに、自分に罪があると感じていた。彼女は、多くの犠牲者と同様に、死刑執行人に敵対する代わりに自分の憎しみに同調したのであろう[55]」。「自己嫌悪」という偽の概念を捏造した責任が帰せられるのは、テオドール・レッシング(一八九二—一九三三)である。彼は、若い頃に一時的に、「〈ドイツ性〉への狂ったような傾倒と〈ユダヤ教〉の絶対的な拒絶の局面を[56]」通り過ぎたことを自ら認めている。ところで、著作の元々の題名『ユダヤ人の自己嫌悪(*Der jüdische Selbsthass*)』と、描かれた六人の人物描写を通して、その著者が引き受けた主題とは別に、このような嫌悪〔憎しみ〕は、レッシング自身が述べているように[57]、「絶対にユダヤ人固有のものではない」し、さらにまた、ドイツで生じたような同化の問題は、フランスでのそれと同じものではまったくない。不可知論の、うまく同化した家庭に生まれたため、シモーヌ・ヴェイユにとっては、彼女自身のユダヤ性は問題とはならなかった。すなわち、「自己」への嫌悪〔憎しみ〕の問題はまるでなかった。というのも、彼女は自分をユダヤ人とはみなしていなかったからである。したがって、シモーヌ・ヴェイユを「偉大なユダヤ人思想家の系譜」[58]の中に置くのであれ、旧約聖書の拒絶を「彼女の民族的起源」に帰するのであれ、何が何でもその意に反して、彼女を一人の「ユダヤ人女性」にしたがる何人もの注釈者たちが我が物とした意志には驚かざるをえない。次のようないくつかの引用がそれを証明している。「彼女はまさに、預言者たちがその固いうなじ〔ユダヤ人の頑迷さを表す言い方〕を揺さぶった、あの、矛盾した永遠の徴を刻印された民族の娘であった」[59]。あるいはまた、「シモーヌ・ヴェイユの性格は本質的にユダヤ的である〔……〕あの苦しみ（イスラエルの息子たちのどんな眼ざしの中にも容易に読み取られる苦しみ〔……〕）についての悲劇的な感覚。シモーヌ・ヴェイユにおいて認められるのは諸々の人種の性格だけである」[60]。「ユダヤ的」という形容語を本質化した、これらの言葉は、シモーヌ・ヴェイユを彼女がそこから逃れようとしたあのゲットーの中に閉じ込める。たとえそれらの著者たちが確かに人種の生物学化的考え方に同意しているとの気づかいはありえないとしても、しかしながら、ピエール＝アンドレ・タギエフによって引用された、せめてヒトラーの次のような奇妙な言葉を思い起こそう。「われわれがユダヤ人種について語るのは言葉の便宜上である。というのも、正確に言えば、そして遺伝学的な観点からすれば、ユダヤ人種なるものは存在しないからである〔……〕。ユダヤ人種というのは何よりもまず精神的な人種である」[61]。女性哲学者〔シモーヌ・ヴェイユ〕は、ジョルジュ・リペールへの手紙において予め彼に言い返していなかったであろうか。「この〔ユダヤ的〕という語は、一つの人種を指すのだろうか。私には、父によってであれ、母によってであれ、二〇〇〇年も前にパレスチナに住んでいた民族と何らかのつながりがあると考えるいかなる理由もありません」[62]。むしろ、シモーヌ・ヴェイユというのは、ユダヤの宗教の継承者でも、二〇〇〇年以上も前にパレスチナに住んでいた民族の子孫でもなく、ユダヤ教に対して、「根がないという本来の意味で」[63]切り離され、根こぎにされた者のように見える。シモーヌ・ヴェイユは、同化し、またそうすることを望み、ユダヤ人を根こぎにされたもの、祖国を持たない人々とみなし――その上彼女は慧眼にもシオニズムの大義を理解しなかった[64]――、もっと言えば非宗教的でさえあった。したがって、彼女にできることと言えば、〈闘うフランス〉での職務の一環として、一九四二年六月に検討する責務を負っていた、一般人の軍事組織であるレジスタンス運動に由来する「非キリスト教徒の外国出身、フランス在住マイノリティに関する法令の基礎」のための計画を承認することであった。行政の分野やいくつかの上級職であまりに目立つと判断された、ユダヤ人マイノリティの存在に対して、制限を設けるという自分自身の提案に関して、彼女は次のように注釈する。「中心の考え方は正しい。ユダヤ人マイノリティのあれこれの性格が問題ではなく、その存在が問題なのである。同じく、ユダヤ人マイノリティがキリスト教の代々受け継いできたものの不在の代わりに、ある種の心性[65]を絆として持つという考え方も正しい」。しかしながら、彼女は次のように付け加える。「このようなマイノリティの存在は善ではない。それゆえ、目標とすべきはそれをなくすことであり、どんな暫定協定もそれに向かう移行でなければならない。この観点からすれば、その存在を公式に認めることは非常によくないことである。というのも、それはユダヤ人マイノリティの存在をはっきり認めることになるからである」[66]。それゆえ、同化というのは、彼女には、ユダヤ人マイノリティの問題への解決策であるように思われたのであり、そして彼女は、この同化のプロセスを進めるために、宗派の違う者同士の結婚や、ユダヤ人の未来の世代へのキリスト教的教育を推奨する。その上、それこそが、しかしながら他方で、イスラエル、この「人工的民族、エジプトに入り、奴隷状態に置かれた一国民になった部族」が四世紀半にもわたって同化されえなかったと、すなわち、ヘブライ人たちが恐ろしい暴力によって自分たちのまとまりを維持することで、同化しない人々というだけではなく、同化できない人々でもあると、主張する彼女の重大な逆説の一つなのである。

しかしながら、シモーヌ・ヴェイユがマルセイユで取りかかった、このような聖書の読み直しと彼女の「激怒」とが、彼女がキリスト教徒のさまざまな対話者たちに倦むことなしに提出した「質問表」と同時期のものであることに注意しなければならない。一九四二年三月末に彼女がアンカルカ修道院で会談したベネディクト修道士ドン・クレマン・ジャコブに送った質問表は五点だけであったが、他方で彼女が一九四二年一一月に、ニューヨークから、ジャック・マリタンの推薦でマリー＝アラン・クチュリエ神父に送ったものは三五点を数える。この手紙において、彼女は以前のものよりはるかに差し迫った様子で、彼に、「確実な回答」を、「きっぱりした回答」を、要求した。「生と死の問題は、これと比べると、一つの賭け［である］[67]」。というのも、そこで賭けられているのは、まさしく、シモーヌ・ヴェイユの固有の問題を超えて――教会に入ること、自分自身の救い、「洗礼は少なくともキリスト教国において、救いの共通の道である（AD. p. 18［著④一二三頁］）――、教会の教義及びその破門を考慮した場合、「永遠の救い」の問題だからである。この聖書の再読はまた、彼女が何人かの聖職者たちとの――特に、マルセイユでの、ジョゼフ＝マリー・ペラン神父や、またカルカソンヌの神学校の院長で教会参事会員のヴィダル師との――同時に行われた時の対話とも同じ時期のものであるが、この対話は、教会のドグマに対する彼女の「異端」とも見える考え方に直面して彼らがどのように考えるかを確かめるために、要するに、彼女がカトリックの洗礼を受けるに「値する」か否かを率直に決めるために、行われた。「このような考えを持って、教会へ入ろうと思うのは誠実なことなのでしょうか。秘跡を剥奪されていることに耐える方がいいのではないでしょうか(68)」。そのように、実際に、彼女はドン・クレマン・ジャコブに宛てた「質問表」の最後に尋ねている。一九四二年一月一九日に、彼女は、「私に関して言えば、自分が秘跡に値しないとみなしています(69)」と認めていた。彼女が彼にした質問、すなわち「破門されることなしに、むしろ支持されたマルキオンの意見とは厳密にはどのようなものでしょうか」という質問に、ドン・クレマン・ジャコブはそれはまさしく「異端」だと答えた。ヴィダル師はというと、その前に彼女は彼と三度の会談をしているが、彼は彼女に明確に「なし能わず（non possumus）(70)」と反論した。クチュリエ神父の回答はわれわれの眼に触れることはなかったが、このこと［答えをつけずに出版しないこと］はシモーヌ・ヴェイユが彼に宛てたテクストのやりとりに彼が付けた条件であった(71)。それゆえ、事態は複雑である。なぜなら、シモーヌ・ヴェイユは、この章の冒頭の二番目の引用が証明するように、完全に切り離され根をもたないことを望むのではなく、もう一つの「所与」を要求しているからである。

シモーヌ・ヴェイユは、米国に出発する前に、一九四二年五月一五日頃にペラン神父に宛てた、「霊的自叙伝」でもある手紙四において、実際に非常に明確に不可知論からその時まで自分が辿ってきた諸段階を生き生きと語っている。「これまでの人生で、私はどんな時にも、神を求めたことはなかったと言えます〔……〕。私は思春期の頃からずっと、神の問題はこの世ではそのデータが欠けている問題であり、間違わずにそれを解決する唯一の確かな方法は、――実はこれが最も不可能なように思われるが――この問題を問わないことであると考えてきました[72]」。しかしながら、この同じ手紙において、彼女は「キリスト教の霊感」を要求する。「私はいわばキリスト教の霊感の中に生まれ、成長し、いつもここにいた」(*ibid.*, p. 37〔著④二九頁〕)。注意すべきは、彼女がここでジョルジュ・リペールへの手紙と同じ言葉を用いていることである。――「一七世紀のフランスの作家たち、すなわち、ラシーヌやパスカルによってほぼ読むことを覚え、またユダヤ人の話を聞いたこともなかったような年齢の時にそうした作家の影響を深く受けていたこともあり、もしも私に自分の遺産とみなすことのできる宗教的伝統があるとすれば、それはカトリックの伝統ということになります。キリスト教的、フランス的、ギリシア的な伝統こそ私のものです。ヘブライ的な伝統は私には馴染みがありません[73]」。グザヴィエ・ヴァラへの手紙にもこれと同じようなことばが見られる――「私はユダヤの宗教にはいかなる魅力も感じません し、ユダヤ的伝統にいかなる愛着もありません。私は、ごく小さな頃から、ギリシア的、キリスト教的、フランス的な伝統でのみ育ちました[74]」。最後に、ニューヨークからモーリス・シューマンに宛てられた手紙にも同じ言葉が見られる。「私はキリスト教的信仰の秘儀に全面的に完全に執着しています[75]」。シモーヌ・ヴェイユが「属す」人民、それはフランスの人民である。また、その伝統はアテネ、キリスト教徒の共同体であって、イェルサレムではない。ところで、シモーヌ・ヴェイユがそこで生まれ、成長したと主張する「キリスト教の霊感」は、ユダヤの宗教と同様に、家庭で彼女に教え込まれたものではなかった――「私は完全な不可知論の中で両親や兄に育てられました。そして、そこから出るための努力はほんのわずかでさえしたことがありませんでした[76]」――が、それゆえ、われわれは、彼女のキリスト教の霊感は、マルセイユのドミニコ会士たちとの交際、特にペラン神父との交際によるものであると考えることもできる。しかしながら、彼女はペラン神父に次のように書いている。「あなたは私にキリスト教の霊感もキリストももたらしませんでした。というのも、私があなたにお会いした時、それはもはや獲得される必要はなかったのであり、いかなる人間存在の仲介もなしに、獲得されていたからです[77]」。

それでは、彼女自身の言葉を用いると、いつシモーヌ・ヴェイユは「とらえ[78]」られたのだろうか、すなわち、いつ彼女は単なる信（croyance）から、神への「暗黙の[79]」、「間接的な」、「先立つ」愛の諸形態から、信仰（foi）[80]へと移行したのだろうか。シモーヌ・ヴェイユは、キリスト教の内部に生まれたという自覚を持つために、彼女がペラン神父に列挙したごく幼い頃から守ることができたいくつかの特徴——真理への欲望、清貧の精神、隣人愛、神の意志への受容の義務、純粋さの概念——を考慮すると、福音書[81]も神秘主義者たち[82]も読まず、決して教会[83]に行くこともなく、聖フランチェスコを知って以来「聖フランチェスコに夢中」になったことを認め、マルクス・アウレリウス[84]に見られるようなストア派の運命愛に依拠していたが、それにもかかわらず、「真に重要であった」三度にわたるカトリシズムとの接触に触れる。最初の接触は、一九三五年、労働者体験の後、七つの悲しみの聖母の守護聖人の祝日の際に、ポルトガルの寒村ポヴォア・ド・ヴァルジンで起こった。このポルトガルの寒村で彼女は、海辺で限りなく悲しい讃美歌を歌う漁師の妻たちの行列を目撃した。「そこで私は、キリスト教がすぐれて奴隷の宗教であり、また奴隷たちはそれに執着せずにはいられず、そんな私も奴隷のうちの一人であるという確信を突然持ちました」（*ibid.*, p. 43［著④三三頁］）。シモーヌ・ヴェイユは、作家ジョー・ブスケへの手紙において次のようなつながりを強調する。彼は、一九一四年の戦争で重傷を負い、それ以来麻痺のためにベッドから動けなかったが、彼女はその彼をカルカソンヌで見舞ったことがあった。それは、このような、自分の肉において体験された苦しみの経験と、「その語がローマ人たちにおいて持っていた意味で、私は自分が奴隷であるといつも感じて以来［……］[85]、［自分を］取り巻く多くの悲惨な人間に対して抱く共感」とのつながりである。その二年後に、彼女は、アッシジの、サンタ・マリア・デリ・アンジェリの小さなチャペル、つまりアッシジの聖フランチェスコが祈ったチャペルで、「自分以上に強い何かが、私の生涯で初めて、私を跪かせることを余儀なくさせた」[86]と書いている。ユダヤ人に生まれながらそう感じていなかった彼女の三度目の接触に関して言えば、それは一九三八年の復活祭の時に起こった。彼女はソレムの大修道院に行き、その時ミサの最中に「キリストの受難の思想が［自分］の中に決定的に入り込んできた」（*ibid.*, p.43［著④三三頁］）。彼女は、一人の若いカトリックの英国人男性によって、「世界で最も美しい詩」、一七世紀の形而上学詩人、ジョージ・ハーバートの「愛」を見出したのである。

「愛」

愛は私に入るように言った、私の魂はためらった、／埃と罪にまみれていたから。／しかし愛は鋭敏な目で、私が気弱になっているのを見ると／一層、敷居を通りすぎ、／私に近づき、何が私に欠けていたのかと優しく尋ねた。／ここにいるのにふさわしい客です、と私は答えた。／ところが、愛が言うには、それは君だろう。／私は恩知らずな厄介者なのだろうか。ああ愛するお方、／私はあなたを見ることができない。／愛は微笑んで私の手をとり私に言った。／私ではないとしたら、目を作ったのは一体誰なのか。／はい、けれども私はその目を曇らせたのです、主よ。私の汚辱が／それが行くにふさわしいところまで行かせてください。／愛が言うには、誰が過ちを犯したのか知らないのか。／ならば愛するお方よ、私はお仕えすることを望みます。／愛が言うには、坐りなさい、私の食べ物を味わいなさい。／かくして私は着席して食べたのだった[87]。

彼女は頭痛のひどい発作の時にそれを暗唱しようと努め、自分の知らない間にこの暗唱が祈りの効力を持つということに気づく。そして、このような暗唱を繰り返している最中に、「キリスト自身が降臨し、［彼女を］とらえた」。神は彼女にこっそりとザクロの実を味わわせ[88]、彼女はそれ以来永遠にとらえられる。そして、シモーヌ・ヴェイユは、ペラン神父に自分自身の驚きを告げる。「私は、神の問題の解決不可能性に関する自分の推論の中で、そのようなことの、すなわち、この世でのペルソナとペルソナとの間の、つまり、人間と神との間の現実的な接触の可能性を予想していませんでした。私はこの類いの事柄についてかすかに聞いたことがありましたが、それを信じたことは一度もありませんでした[89]」。同じように、彼女は、何日か前に、ジョー・ブスケにもその驚きを告げていた。彼女は、彼のためにその詩を書き写した。「強い肉体的苦痛の一瞬において［……］私は［……］人間存在の現前以上によりペルソナ的で、より確実で、より現実的な現前を感じた。それは、感覚や想像力では近づくことのできないものであり、愛される存在の最も優しい微笑みを通して現れてくるような愛に類似したものでした[90]」。神の現前は、シモーヌ・ヴェイユにとって、労働者の不幸な状況がその証拠なのだが、不幸という形で悪の経験と結びつくだけではなく――「不幸は生の一つの根こぎであり、多少なりとも和らげられた死の等価物である」――、最も残酷な肉体的苦しみの経験とも結びついている。彼女が認めるように、たとえ「非常に長い苦しみやあるいはたびたび襲ってくる肉体的苦しみが［……］しばしば不幸である」[91]としても、これらの二つの経験は、彼女から見て、結びついてはいるが、それでもやはり別物である。疑いもなくここでシモーヌ・ヴェイユは、自分自身の肉体的苦しみを考えている。そして、彼女はこの問題について、重病のジョー・ブスケにためらうことなしに率直に自分の心情を吐露している。「一二歳の頃から、私は神経組織の中心点、心身の合流点［シモーヌ・ヴェイユがデカルトについての卒業論文を書いたことを忘れないでおこう！］の近辺にずっと苦痛を感じてきました。それは、寝ている間も続き、一秒たりとも止みませんでした[92]」。「愛」の詩の暗唱がもたらした印象について、シモーヌ・ヴェイユは次のように証言する。この時の印象は、彼女が自分に課した、「最新の注意を払って毎朝一度暗唱する」――「祈りは注意からなるがゆえに[93]」――ところの『主祷文』によって引き起こされる印象を想起せずにはいられなかった。そして暗唱の間ずっと、「空間は開かれ［……］隅から隅まで沈黙によって満たされ」、また時には、「キリストはペルソナとして現前するが、それはキリストが最初に私をとらえた時よりも、限りなく現実的で、胸を刺すような、明白で愛に満ちた現前なのである[94]」。しばらく後に、シモーヌ・ヴェイユは聖餐の啓示を受け、アレゴリーの形で自分の精神的道程を次のように報告している。

その人［神 Esprit divin］は私の部屋に入ってきて言った。「何も理解せず、何も知らない哀れなものよ。私と一緒に来なさい、そうすればお前が思ってもみなかったことを教えよう」。私は彼について行った［……］。時折彼は黙り、戸棚からパンを取り出し、われわれはそれを分け合った。このパンは本当にパンの味がした［……］。彼は私とそして自分に、太陽と、この都市が築かれた大地の味のするワインを注いだ［……］。彼は私に教えると約束したが、何も教えてくれなかった［……］。ある日、彼は、私に「もう行きなさい」と言った。私は跪いて、彼の足に接吻し、私を追い出さないでくださいと懇願した。しかし、彼は私を階段に追い出した［……］その時私は理解した、彼は間違って私を探しに来たということを。私の場所は、あの屋根裏部屋の中にはない。その場所は、どこであろうとかまわない。牢獄の独房でも、骨董品と赤いビロードで一杯のブルジョワのサロンの一つでも、駅の待合室でも、どこでもいいが、あの屋根裏部屋ではない(95)。

シモーヌ・ヴェイユは、このテクストを、米国に向かって乗船する前にギュスターヴ・ティボンに託した。同じように彼女は、ロンドンに向かって出発した時は、それを母セルマ・ヴェイユに手渡し、「いつか［私の］何かを出版しなければならない時には、このテクストを冒頭に置いてください(96)」と言い残した。シモーヌ・ヴェイユにとって、『主祷文』の暗唱と聖体の観想――聖餐におけるキリストの観想――は、両方とも有限な存在である限りでのわれわれを悪の一部分から解放するという効力を持つが、この悪こそわれわれが自分の中に携えているものであり、この悪もまた有限なのである(97)。

シモーヌ・ヴェイユは、彼女がペラン神父に言ったように、神とキリストを愛し、カトリックの信仰や聖人、カトリックの典礼、聖歌、建築、祭式、儀式を愛し、またその後、祈りに熱中し、きちんとミサに行き、聖体の奉挙の間は聖体のパンと聖杯を眺めることが一つの秘跡であると考えていた。しかし、それにもかかわらず、なぜ彼女は、カトリックの実践者の学生たちを指す高等師範学校生の隠語である彼女自身の言葉を使えば、「自分の署名の後に〈タラ（tala）〉の記載をし」ようとしないのか。彼女自身がわれわれにその答えを与えてくれる。「私は洗礼を受けていないので、それは私には許されていませんでした[98]」。『超自然的認識』のプロローグにある、神を芝居にしたアレゴリーをもう一度見てみよう。「その人は私を教会に連れて行った。教会は新しくて醜かった。彼は私を祭壇の正面に案内し、私に〈跪きなさい〉と言った。私は彼に〈私は洗礼を受けていません〉と言った。彼は私に、〈真理が存在する場所の前でそうするように、愛とともにこの場所の前で跪きなさい〉と言った。私はそれに従った[99]」。シモーヌ・ヴェイユは、われわれが見たように、ニューヨークで、姪のシルヴィの洗礼のことを大変気にかけていたように思われたが、結局のところ「非ユダヤ的な環境の中に完全に溶け込む」ことはなかった。しかしながら、彼女は、いつか自分が――「何週間も何カ月もあるいは何年間もそのことをまったく考えずにいた後に」――抗い難い衝動を感じるかもしれないという可能性を拒否しているわけではない。それゆえ、その時が来れば、「[彼女]は洗礼を求めに駆けつける[だろう]」。というのも、心の中の恩寵の歩みは言葉のない秘密のものだからである[100]」。シモーヌ・ヴェイユは、戦時中の同胞たちとの連帯のために自分に課した栄養不良によって悪化した結核の結果、この恩寵を手にすることなしに、英国において一九四三年八月二四日にわずか三四歳で亡くなった。生まれながらのユダヤ人で、不可知論の家庭の中で育った彼女は、アッシュフォードの墓地のローマ・カトリックの区画のキリスト教徒の土地に埋葬された。

シモーヌ・ヴェイユが繰り返し語ったように、ひとはある宗教を受け継ぐのではない。彼女は「いわば」キリスト教の中に生まれたのである。たとえ彼女が「宗教を変えることは一つのきわめて深刻な決意である」ことを認めているとしても、たとえ彼女が作品の中で何度も、他の大陸をキリスト教化するのではなく、住民たちを「白人の冷たく残酷で破壊的な支配」[101]へと導いた宣教的熱意を非難しているとしても、そしてまた、宗教を変えることが作家にとって言語を変えることにたとえられることから[102]、「ある人にとっては、知らない言葉でよりもむしろ母語で神を唱える」方がいいとしても、だからと言って、シモーヌ・ヴェイユは宗教を「変える」べきであるという典型例に当てはまるわけではない。むしろ彼女の場合は、「生まれつきの宗教の不完全性はあまりにも重大［であ］り、したがって他の宗教を取り入れるのが「正当である」と思われるような人々の例には当てはまらない。というのも、彼女から見ると、その混合主義[103]にもかかわらず、キリスト教は依然として最も完全な宗教だからである。彼女がそれに付け加えて言うには、この正当性はまた「いかなる宗教的実践もなしに育てられた人々に対して」[104]妥当するのであり、このケースこそまさに彼女に当てはまる。それでは、彼女が一歩踏み出し、自分の望む洗礼を求めることを引き留めたものとは何か。

ベルクソンは、一九三三年以降、セルティヤンジュ神父の前で「福音書は私の真の祖国です」と認めてはいたが——彼から見ると、カトリシズムは「ユダヤ教の完全な成就」を具現するものである——、それでも改宗に直面して中々決断できないでいた。そのベルクソンとは反対に、われわれは、シモーヌ・ヴェイユが教会に入ることへの抵抗の証拠として、迫害された人々に対する連帯を持ち出すことはできない。ベルクソンが実際に遺言で書いているように、「もしも、私が、何年も前から〈大半は残念なことに、道徳的感覚を完全に失ったユダヤ人たちの過ちによって〉世界に打ち寄せる、激しい反ユダヤ主義の波のうねりを見ていなかったならば、おそらく私は改宗したでしょう。私は、明日にも迫害されるかもしれない人々の間に留まりたかったのです[105]」。われわれは、これまで、シモーヌ・ヴェイユが植民地問題にどれほど関心を持っていたかということを見てきた。そしてまた、このことは、中国の大飢饉の報せに対する彼女の感情移入に関しても同様である。ところで、われわれが伝えてきたいくつかの稀な注釈を除けば、ひとたび反ユダヤ主義が台頭してくると、残念なことに、彼女に関して、この反ユダヤ主義の問題への沈黙や政治的判断の欠如を認め、嘆くことしかできない。あるノートの中で悪の本性について自問しながら、シモーヌ・ヴェイユは、「反ユダヤ主義、例外的観念[106]」と書き、反ユダヤ主義は、選民の概念に、すなわち、ヒトラーに想像力が欠けていたために、彼自身が責任を持つしかないような観念に、関連づけて考えられうると示唆している（*E*. p. 305［下・九二―九三頁］）。［一九四一年初頭？］

の日付を持つ、ギュール[107]、サン＝シプリアン、アルジュレス、そしてその他の強制収容所や、同じくルール地方のフランス人捕虜収容所に関するテクスト、すなわち、『マルセイユの著作（*Écrits de Marseille*）』の付録として再録されたテクストは、米国知識人救援センター[108]の機密文書に由来するが――シモーヌ・ヴェイユがこれらの文書をどのようにして入手したかは分からない――、それらのテクストは、彼女がひどい生活条件や「外国人」の留置人たちが強いられた〔食糧の〕欠乏をよく知っていたことや、それに同情していたことを示している。それに反して、マルセイユの著作の方はユダヤ人に対する何らの特別な感情移入がまったくなく、彼らについて明白になされている唯一の言及は「ライン地方のユダヤ人」の死体公示所に関するものだけである。「〔ライン地方のユダヤ人たちは〕異常な精神状態で到着した〔……〕。到着すると、彼らは自分たちの靴を作る者を求めた。彼らは、前もって強制的に収容されていた人々の一団に荷物を運ぶことなどを命令した。（もちろん、彼らは従わなかった）〔……〕。すぐに不潔になり、筆舌に尽くせないほど堕落した。ほんの少し前まで〈立派な〉女性であった女たちは、バラックの前や、バラックの中、所構わず糞便をした[109]……」。一九四二年二月二〇日と三月二日の間に、シモーヌ・ヴェイユは「カイエ」に次のように記した。「自分の家族全員が拷問で殺され、自分自身も強制収容所で長い間拷問されていたような男がいるとする。あるいは、自分の民族全体の壊滅を一人だけ免れた一六世紀のインディアンがいるとする。このような人々は、それまでは神の慈悲を信じてはいても、もはや神を信じなくなるか、あるいは以前そうしていたのとはまったく違った仕方で神の慈悲を考えるか、のいずれかである。私にはこのようなことを経験したことがなかった。しかし、私はそうしたことがあることを知っている。そうだとすれば、何が違うのか。それは結局同じであり、同じであるに違いないし、同じであるべきであろう[110]。もう少し先で『カラマーゾフの兄弟』のイワンの言葉、すなわち、「世界の学問全体は一人の子どもの涙に値しない」という彼の言葉を引いて、彼女は、この意見に、彼女にこの涙を受け入れさせる唯一の動機であるこの意見に、全面的に同意すると言う。「神がそれをお望みになったのです。そして、私は、この動機のためなら、一人の子どもの涙だけではなく、悪でしかないような、またその結果が悪いものでしかないような、世界をも受け入れるであろう」(*ibid.* [『カイエ3』六四頁])。シモーヌ・ヴェイユは、単に、神の意志の名の下に悪の現実に同意しているだけでも、また、あらゆる復讐への欲望を排除しているだけでもない。というのも、「復讐への欲望は守銭奴の自分の財宝への執着のようなものだ[111]」からである。それだけではなく、彼女は、『ロンドン手記（*Carnet de Londres*）』において、許しを超えて、敵をも愛するという義務に言及するまでになる。「私が自分の人生においてドイツ人の行為で苦しんできた限りにおいて、また私が個人的に執着を持ってきたものが彼らによって破壊され傷つけられた限りにおいて、「私は彼らを一層愛し続けなければならないのであり」彼らを愛するという特別な義務を負っているのである[112]」。彼女は、一九四二年四月下旬に、「一つの石をBからAへ、それからAからBへと移動させること、以下同様のことを一日中繰り返すこと」からなる強制収容所の拷問が「空虚」の例証化の具体例として自分の役に立っていることを指摘し、「そして同じ努力と言っても、労働の場合とはまるで違う[113]」と注釈する。一九四二年にも、モーリス・シューマンは、サウル書に関するシモーヌ・ヴェイユの言葉を取り上げている。「『もしサウルが神によって罰せられるとすれば、それは彼が子どもや女性を含め、刃にかけて、すべてのアマレク人を殺したためではなく、一人を除いて全員を殺したためであり、彼が王を免除したからである』」。そして彼女は、「『われわれが過去のすべてのホロコーストを非難してこなかったのに、いかにして一つのホロコーストを非難することができるのか』」と付け加えた。そして、ロンドンのフランス人たちが当時はまだ絶滅収容所の存在を知らなかったと主張するモーリス・シューマンは、このような〔過去と現在との〕系統的関係を、すなわち、ヒトラーの民族大虐殺の種差性に対する盲目性を非難するどころか、自分の女友達の「先見の明」を称賛する[114]。『根をもつこと』の英訳者、エリオット・トマス・スターンは、「彼女は心の底からユダヤ人であり、ドイツでのユダヤ人に対する迫害は彼女に極度の苦しみをもたらした[115]」と書いているが、どのようなテクストに依拠すればそのように言うことができるのだろうか。

シモーヌ・ヴェイユが教会に入らなかったことの理由の中で、われわれが引用したテクストが示すように、二つの〔新約と旧約の〕聖書の間の関連性が否定しがたい役割を果たしている。彼女はドン・クレマン・ジャコブに問う。「イスラエルに対するいわゆる異教徒の民族の優位性の考え方〔問題はグノーシス派のマルキオンである〕に同意したならば、その時ひとは破門されるのでしょうか[116]」、と。キリスト教からイスラエルの遺産の一掃を願うという「矛盾」とは別に、ガブリエル・マルセルは、彼から見て、そのような立場が体現する「スキャンダル」を告発した[117]。シモーヌ・ヴェイユが惹かれた、カタリ派やグノーシス派の魅力は、彼らの旧約聖書批判にある。しかも、彼女の友人のシモーヌ・ペトルマンの注意を引いたのもまさにその批判なのである。シモーヌ・ペトルマンは次のように書く。「シモーヌ・ヴェイユとは反対に、私のグノーシス派への共感はまず、彼らが旧約聖書を批判していることから来ているのではなく、彼らの教義がプラトンの学説と関連がないわけではないことや、とりわけその教義が聖パウロおよび第四福音書〔ヨハネ福音書〕の神学によって鼓舞されていることに由来する[118]」。シモーヌ・ヴェイユは、実質的にこのような系統、すなわち、一方には、旧約聖書によって無視された〈仲介者〉に対する強調があり、そして他方には、彼女から見ると、この世の世界が具体的に示しているところの追放の状況があるような系統――「彼女は挑発的な仕方で、私の霊的系統〔マルキオン経由の悪魔[119]〕」と書いているが――へと近づいていった。ユリシーズのように、「われわれはこの世ではよそ者であり、根こぎになった者、追放された者である[120]」。しかしながら、美への愛と、この美への愛がその「反映」である世界の秩序への愛――ヴェネツィアの破壊という事態に直面したジャフィエが明らかにしたような愛そのもの――とが構成する、神への愛の暗示的な形態を考慮に入れたならば、シモーヌ・ヴェイユにおいて、「アンチ・コスミスム〔anticosmisme〕」について話すことはできなくなる。最後に、彼女をその系統に近づけたのは、「ある修道者への手紙」が示すような、彼女の、混合主義の放棄への拒否だけではなく、彼女がしばしば強調するような、神の全能に対立する善良さの属性と、神の残酷さに対立する善良さの属性との対立である。しかしながら、たとえ、ペラン神父によって確認されたマルキオンとの「出会い」が、彼によると、彼女の立場の複雑化や硬化のもとになったとしても、シモーヌ・ヴェイユがユダヤ教[121]以上にグノーシス主義を知っていたということを証明するものは何もない[122]。

モニク・ブロック＝ラペイルは、「福音書に夢中になったこのユダヤ人女性が、自らイスラエルを拒否したために、教会の外に身を置くという奇妙な逆説[123]」に注目した。しかしながら、イスラエルの拒否はシモーヌ・ヴェイユが教会の外に身を置き続けた唯一の逆説というわけではない。彼女がモーリス・シューマン[124]とペラン神父に説明しているように（AD, p. 55〔著④四二頁〕）、実際、シモーヌ・ヴェイユが引き合いに出す、カトリック教会への入会に対する「絶対に越え難い」障害の一つ、「還元不可能な困難」の一つは、バチカン第二回公会議によって見捨てられたひとへの決まり文句である、破門を命ずる（anathema sit）という、教会による二つの短い語の使用（「もし、誰かが彼は破門だと……言うならば」）である。たとえ彼女が、「教義の維持管理者としての教会の役割は必要不可欠であるということや、教会はこの役割の特別な領域においてあからさまに教会を攻撃する者は誰であろうとも秘跡を剥奪して処罰する権利と義務を負うということ」を認めているとしても、それにもかかわらず、彼女は、自分から見て、どんな集団にも内在する「権力の濫用」となるものや、「愛と知性とに対してその集団の言語を規範とみなすように強制しよう[125]」と望むものを告発する。だからこそ、シモーヌ・ヴェイユは、教条主義的な教会、すなわち、エリック・フェーゲリンがマルクスの社会主義、オーギュスト・コントの実証主義、そしてナチズムに取っておいた用語を繰り返すと、考えることや問題を立てることを禁じるような〈考えないし、問わない〉[126]教会に、背を向けるのである。教会、その「汚点」――十字軍、異端審問――もまたシモーヌ・ヴェイユを恐がらせた。もしも「盲目的な」聖人たちがそれらの汚点に同意できたとすれば、それこそがまさに教会が一つの「社会的事物」であり、プラトンの巨獣であり、黙示録の〈獣〉であるという証拠ではないだろうか。彼女は、「集団的感情」を恐れ、自分の「付和雷同する強い傾向」をも認め、自分が「社会的影響に過度に傷つきやすい」と知っていたからこそ――シモーヌ・ヴェイユは、「もし今私の前で二〇人ほどの若いドイツ人たちがナチスの歌を合唱していたら、私の魂の一部はただちにナチスになるだろうということを私は知っています。それこそ非常に大きな弱点です。しかし私とはそういう者なのです……[127]」と認めてさえいる――、むしろあらゆる「感染」から自分を守ろうとする。逆説的なことなのだが、われわれが見たように、彼女は、『根をもつこと』の中で、諸々の環境に根づくことの必要をどれほど強調しようとも、「一つの環境に受け入れられること、ひとがそこで〈われわれ（nous）〉と言うような環境に住み込むこと、そしてこの〈われわれ〉の一部になること、すなわち、それが何であろうと一つの人間的環境において「自分の」家にいる「自己」を見出すこと」を望まなかった。しかし、それはすぐさま次のように修正される。「望まないと言うのは、よい表現ではありません。というのも、私はそれをまさに望んでいるからです。そうしたことはすべて魅力的です。しかし私にはそのことが許されていないのです。私が思うに、いかなる人間的環境に対しても例外なしに、私は一人ぼっちであり、よそ者で、追放されていると感じることが必要であり、そのように課されているのです[128]」。このような、教会に根をもつことの「許可」を、彼女に与えることは、彼女がよく知っているように、彼女の態度の「固執」を考慮に入れると、教会はその教義を保持する義務があるにもかかわらず、「少なくとも一七世紀にわたる慣習と縁を切〔る〕」ことになる[129]。それゆえ、シモーヌ・ヴェイユはこれ以降、とりわけ、次のような使命を引き合いに出す。「その使命とは、自分に対して、教会の外に、教会に対してもキリスト教の教義に対してもたとえ暗示的とはいえ、いかなる種類の関わりを持つことなしに留まるように強制するようなものである。いずれにせよ、私が知的な仕事がまったくできなくならないという限りで[130]」。

それゆえ、ひとは正当にも、ミシェル・スーリスの素晴らしい論文のタイトル[131]を繰り返すと、シモーヌ・ヴェイユにおいて「根をもつことと根こぎの弁証法」について、あるいはまたダニエル・ボワチエの論文のタイトル[132]を繰り返すと、「不可能な根をもつこと」について、語ることができる。これら二つのいずれもがわれわれの考察の元になったものである。同じくわれわれが見てきたように、パトリ〔patrie〕〔郷土・祖国〕の概念が今日まで決して考えられてこなかったと考えたシモーヌ・ヴェイユは、これはまた別の逆説であるが、ペラン神父に対して、「深刻な不完全さ」を、すなわち、「地上の祖国にも、教会にも」執着する態度を、非難するまでになる。彼女が彼に不満を持つのは、あなた〔ペラン神父〕

がそこで生きていること、すなわち、「人間的に温かな雰囲気の中で生きていること」に対してである。「［ところで］神の子どもたちはと言えば、そこにいた、また今いる、そしているであろう理性的な被造物の全体とともに、この世では、世界そのものの他にはいかなる祖国も持ってはならないのである。生まれた場所こそがわれわれの愛を求める権利がある(133)」。ペラン神父への非難を超えて、シモーヌ・ヴェイユが切望するもの、そして彼女が教会の中に見出せないもの――われわれが思うに、ここでこそ、彼女のヘブライ語の聖書再読についてよりも、むしろ真に「失望」について語ることができるのかもしれない――、それは、それにもかかわらず、「カトリック」という語が意味する普遍性である。この普遍性を、彼女は、旧約聖書の「民族」宗教にも、ローマ人の宗教にも、まさに見出せなかったのである。「この現代という先例なき時代にあって、普遍性は、かつては暗示的でありえたが、今やまったく明示的でなければならない」(AD. p. 81［著④六二頁］)。かくして、教会がカトリック、すなわち普遍的でありうるのは、権利上や名目上においてでしかなく、事実上はそうではないのである。そしてこのことが、シモーヌ・ヴェイユがそれ以降要求するような霊的立場の、彼女によって触れられた、最終的な根拠である。「キリスト教は事実上ではなく権利上カトリックなのであるから、私としても事実上ではなく権利上、ある期間だけというのではなく、場合によっては、私の人生全体にわたって、教会のメンバーであるのは正当なことなのです(134)」。その語の十全な意味においてカトリックであること、「完全」というのではないにしても、少なくとも完全性への道を進むこと、それはシモーヌ・ヴェイユにとっては、すべての人間的温かさを、すべての執着を、諦めることであり、すべての地上的パトリ（patrie）〔郷土・祖国〕から自己を追放することである。「カトリック〔普遍的〕でなければならない、すなわち、被造物の全体以外の、どんな被造物にも糸でつながれてはならない」。シモーヌ・ヴェイユは、以後断じて、「追放〔亡命〕において自分の家にいるように〈くつろいでいると〉感じよう[135]」と思うが、そのような彼女はやはり「祖国なき者（sans-patrie）[136]」なのだろうか[137]。シモーヌ・ヴェイユのパトリは、この世界のものではない。また、キリスト教徒であるためには、洗礼はまったく必要ではない。「キリスト教徒は、この世界の外に位置するたった一つのパトリだけを持つ。なぜなら、彼にはこの世界の外に住む父なる神しかないからである〔……〕それゆえ、彼には地上にその心を持つことは禁じられている」（*E*. p. 170〔上・一九〇―一九一頁〕）。かくして、シモーヌ・ヴェイユは「超越的なものの門」に到達した。

**注**

（1）«Formes de l'amour implicite de Dieu», p. 326.（「はっきり意識されない神への愛の諸形態」一四七頁）

（2）*OC*, IV, 1, *EM*, p. 283.

（3）«Formes de l'amour implicite de Dieu», *OC*, IV, 1, *EM*, p. 326.（「はっきり意識されない神への愛の諸形態」一四七―一四八頁）

（4）読者はここで、われわれがわれわれの主題の支えとした、シモーヌ・ヴェイユについて書かれたテクストと論文の参考文献一覧を挙げた『暗い時代の三人の女性――エディット・シュタイン、ハンナ・アーレント、シモーヌ・

ヴェイユ』（庭田茂吉・沼田千恵・富岡基子・西田充穂・服部敬弘訳、晃洋書房、二〇一〇年）を参照していただきたい。この参考文献一覧はシモーヌ・ヴェイユの全集版、およびフローランス・ド・リュシーの監修による『著作集（*Œuvres*）』（ガリマール書店の「クワルト」双書）の出版によって、近年、充実したものになった。われわれはここで、彼女とロベール・シュナヴィエに、その学問的に素晴らしい仕事の注目すべき質に対して、特にそれぞれの非常に明快な「序文」の執筆に対して、賛辞を表したい。

（5）Lettre à Jaques Maritain, 27 juillet 1942, *CSW*, III-2, juin 1980, p. 68 et 69.

（6）André Weil, *Souvenirs d'apprentissage*, Bâle, Birkhäuser, Verlag, 1991, p.41 et p. 42, cité par R. Chenavier dans son Introduction à la section «Religion» des *OC*, IV, 1, *EM*, p. 237, note 2.（アンドレ・ヴェイユ『アンドレ・ヴェイユ自伝――ある数学者の修業時代（上）』稲葉延子訳、シュプリンガー・フェアラーク、一九九四年、四六―四七頁）

（7）Lettre à X. Vallat (18 octobre 1941), *Œuvres*, p. 974.

（8）Lettre à Huguette Baur (septembre 1940), *Œuvres*, p. 969.

（9）Lettre à Georges Ripert (octobre ou novembre 1940), *SP* II, p. 291.（『詳伝シモーヌ・ヴェイユⅡ 一九三四―一九四三』二三六頁）

（10）*SP* II, p. 417.（『詳伝シモーヌ・ヴェイユⅡ 一九三四―一九四三』三四五頁）

（11）Lettre à Déodat Roché, *OC*, IV, 1, *EM*, p. 63 et 64.

（12）«Islaël et les Gentils», *PSO*, Paris, Gallimard, coll. «Espoir», 1962, p. 52.

（13）*OC*, VI, *Cahiers*, 4, *K16*, [*ms.* 19], p. 250.

（14）「ヘブライ人の歴史は諸々の星だけではなく、イスラエルの戦士たちも問題であることを示している。ヘロドトスは多くのギリシアやアジアの民族を列挙するが、そのうちのたった一つの民族だけが〈軍神ゼウス〉を持っていた。この冒涜的な言葉はすべての他の人々によって知られていなかった」（*LR*, *Œuvres*, p. 987）。（「ある修道者へ

の手紙」『シモーヌ・ヴェーユ著作集Ⅳ』所収、大木健訳、二二四頁）

（15）«Les trois fils de Noé et la civilisation méditerranéenne», *OC*, IV, 1, *EM*, p. 382.（「ノアの三人の息子と地中海文明史」『シモーヌ・ヴェーユ著作集Ⅳ』所収、渡辺秀訳、春秋社、一九六七年、一七九頁）「イスラエルのために、街を破壊し、民族を虐殺し、囚人や子どもたちを皆殺しにするという戒律が由来する源は神ではなかったと考えるならば、また、神をこのような戒律を課した張本人であるとしたことが、多神教と偶像崇拝の最も低級な形態そのもの以上に、比べものにならないほど重大な過ちであったと考えるならば、そしてその結果、追放の時代に到るまで、イスラエルが真の神についてのほとんどいかなる認識を持たなかったのに対して、他の民族の大半のエリートにはこの認識があったと考えるならば、破門だというのか」。シモーヌ・ヴェイユは、一九四二年四月初めにドン・クレマン・ジャコブに提出した「質問表」でそのように問う（*OC*, IV, 1, *EM*, Annexes, p. 442 et 443）。

（16）«L'inspiration occitanienne», *Œuvres*, p. 680.（「オク語文明の霊感は何にあるか?」二三一頁）。ペラン神父は、「カタリ派に対する非常に強い関心を私に語ったが、シモーヌはそれをまじめに勉強する機会がなかったとも話した」と明らかにした（*AD*, p. 73）。

（17）R・シュナヴィエは、諸々の手掛かりから、このテクストの日付記入に関して、それが「マルセイユで熟した素材」から始まって、一九四二年九月にニューヨークで書かれたという示唆が得られると述べている（*OC*, IV, 1, *EM*, «Introduction», p. 238）。

（18）«Israël et les Gentils», *PSO*, p. 48 et 49.

（19）「ヘブライ人たちは、偶像として、金属や木ではなく、一つの人種や一つの民族というような、まったく地上的なものを持つ」（*LR*, p. 988）。（「ある修道者への手紙」二二六頁）

（20）«Israël et les Gentils», p. 52.

（21）«Questionnaire», à Dom Clément Jacob (début avril 1942), *OC*, IV, 1, *EM*, 1, Annexes, p. 442.

（22）*OC*, VI, *Cahiers*, 3, *K10*, [*ms.* 47], p. 283 et 284.（『カイエ3』二九八頁）

(23) *Ibid.*, [*ms.* 50], p. 286.（同書、三〇四頁）

(24) *Ibid.*, [*ms.* 47], p. 284.（同書、二九八頁）

(25) *Ibid.*, [*ms.* 50], p. 286.（同書、三〇四頁）

(26) *Ibid.*, *K10*, [*ms.* 56], p. 290.（同書、三一二頁）

(27) «Les trois fils de Noé et la civilisation méditerranéenne», p. 382.（「ノアの三人の息子と地中海文明史」一七九頁）

(28) 「実際、どんな宗教的伝統であれ、ほぼそれを持つ神秘主義者たちは一緒になって大体同じものに行き着く。彼らはそれぞれの宗教的伝統の真理を構成する」（*LR*, p. 1000）。（「ある修道者への手紙」二四七頁）

(29) Lettre à Jean Wahl（octobre 1942）, *Œuvres*, p. 979. このことはおそらく、この手紙を一九五二年以前に出版することへのジャン・ヴァールの躊躇を説明するものである。

(30) *LR*, p. 987.（「ある修道者への手紙」二二四頁）

(31) *Ibid.*（同書）

(32) 「[……] 残りは消化不良です。というのも、そこには本質的な真理が欠けているからです［……］無垢な者たちの不幸の可能性が」（*LR*, p. 1007）。（「ある修道者への手紙」二五〇頁）

(33) Lettre à Jean Wahl, *Œuvres*, p. 979. また以下を参照; «Job était un Mésopotamien, non pas un Juif»（«Les trois fils de Noé et la civilisation méditerranéenne», p. 381）.（「ヨブはメソポタミア人であって、ユダヤ人ではなかった」「ノアの三人の息子と地中海文明史」一七八頁）

(34) マルティン・ブーバーは次のように言う。ベルクソンと同様に、シモーヌ・ヴェイユも「彼らのよく知らないユダヤ教から顔をそむけた。実際、彼らが顔をそむけたのは、キリスト教によって洗練されたユダヤ教の型通りの考え方である（Martin Buber, «Bergson et S. Weil devant Israël», *CSW*, VI-7, mars 1983, p. 51）。

(35) それは、少なくともペラン神父の意見であり、逆にR・シュナヴィエは、彼女の師アランから受け継いだ習慣、すなわち単にテクストだけで満足するどころか、シモーヌ・ヴェイユが、ユダヤ人に関する「自分自身の見解」の確認をラテン文学者のレオン・エルマンや東洋学者のシャルル・オトランの著作の中に求めたことに驚いている（*OC*, IV, 1, *EM*, «Introduction», p. 240 et 241）。

（36）シモーヌ・ヴェイユに対してあまりにも寛容になりがちだったとはいえ、そのことをペラン神父は次のように注釈している。「独学者に留まろうとすることは、多くの失望に身をさらすことであり」、そして、その独学者が、「この精神的方法があまりにも美しく、あまりにも深遠な直観を生み出すために、ひとがその直観にとらわれたままになる」（*AD*, p. 66）ということを認めているにしてもそうなのである。

（37）ペラン神父は次のように書いている。「私は、シモーヌのこのテクストを出版してよかったのかどうかという問いを自問した。また私は繰り返し、しかも、自分の気に入っている他のテクストのように、彼女がそれを再読も署名もしていないということを言っておきたい」（J.-M. Perrin, *Mon dialogue avec Simone Weil*, p. 137）。

（38）«Les trois fils de Noé et la civilisation méditerranéenne», p. 376.（「ノアの三人の息子と地中海文明史」一七二頁）

（39）*LR*, p. 998.（「ある修道者への手紙」二四三頁）

（40）*OC*, VI, *Cahiers*, 3, *K10*, [*ms.* 64], p. 297.（『カイエ3』三二一―三二三頁）

（41）«Les trois fils de Noé et l'histoire de la civilisation méditerranéenne», p. 380.（「ノアの三人の息子と地中海文明史」一七六頁）

（42）「ハムに由来する民族、まずはエジプトの人々が、そこでは、神が全能の主であると同時に犠牲にされたいけにえであるところの真の宗教、愛の宗教を知った」（*LR*, p. 999）。（「ある修道者への手紙」二四四頁）

（43）«Les trois fils de Noé et l'histoire de la civilisation méditerranéenne», p. 378.（「ノアの三人の息子と地中海文明史」一七四頁）

（44）Lettre à Jean Wahl（octobre 1942）, *Œuvres*, p. 979 et 980.

(45) «Les trois fils de Noé et l'histoire de la civilisation méditerranéenne», p. 383.（「ノアの三人の息子と地中海文明史」一八〇頁）

(46) Lettre à Jean Wahl (octobre 1942), *Œuvres*, p. 978.

(47) H. Arendt, lettre du 14 juillet 1963, «Correspondances croisées», *Les Origines du totalitarisme, Eichmann à Jérusalem, Rapport sur la banalité du mal*, éd. Pierre Bouretz, Paris, Gallimard, coll. «Quarto», 2002, p. 1353. われわれは『暗い時代の三人の女性』において、一九三三年から一九四三年までの暗い時代の一〇年間の、ハンナ・アーレント、シモーヌ・ヴェイユ、エディット・シュタインのそれぞれの態度を比較対照し、素描したが、それを読者が参照することを望む。

(48) Fl. de Lussy, Introduction à la section, «L'antijudaïsme de Simone Weil», *Œuvres*, p. 961.

(49) これはフローランス・ド・リュシィによって用いられた用語である（*Œuvres*, p. 961）。

(50) R・シュナヴィエの言葉、「シモーヌ・ヴェイユの場合、〈ユダヤ教〉の拒絶についてよりも、反ヘブライ主義やあるいは〈旧約聖書〉の拒絶について話した方がよい」（*OC*, IV, 1, *EM*, 1, Introduction à la section «Religion», p. 236）。

(51) 「ユダヤ人における反ユダヤ主義の章はシモーヌ・ヴェイユとともに終わる」（Alex Derczanski, lettre à Wladimir Rabi, *CSW*, IV-2, juin 1981, p. 145）。あるいはまた、「シモーヌ・ヴェイユの暴力的反ユダヤ主義……」（*OEuvres*, p. 961）。

(52) Marie-Madeleine Davy, *Simone Weil*, Paris, Éditions universitaires, 1956, p. 26.（M－M・ダヴィ『シモーヌ・ヴェーユの世界』三三頁）

(53) P. Giniewski, *Simone Weil ou la haine de soi*, Paris, Berg International, 1978, p. 157.

(54) L. Poliakov, *L'Impossible Croix? Les crises d'identité juive*, Paris, Austral, 1994, p. 89. G・スタイナーは、「彼女はマルクスやオットー・ヴァイニンガーや、時として、カール・クラウスと同類である」と書いている（G.

Steiner, «Sainte Simone: Simone Weil», *De la Bible à Kafka*, Paris, Bayard, 2002, p. 110）。また、以下のものを参照。J. Le Rider, «Otto Weininger. Le cas par excellence de "haine de soi juive"», dans E. Benbassa et J.-C. Attias (dir.), *La Haine de soi, Difficiles identités*, Bruxelles, Complexe, 2000, p. 47-58.

（55） P. Giniewski, *Simone Weil ou la haine de soi*, p. 35.

（56） Th. Lessing, *La Haine de soi, Le refus d'être juif*, trad. de l'allemand et présenté par Maurice-Ruben Hayoun, Paris, Berg International 1990, p. 41. この主題に関しては、カール・ヤスパースとハンナ・アーレントとの往復書簡において、彼とまだ彼の学生であった彼女とを対立させたドイツ性‐ユダヤ性をめぐる長い議論と、この女性哲学者がそのユダヤ性を「汚辱」として生きた、ベルリンのサロンの常連ラーヘル・ファルンハーゲンを取り上げた書物とが思い起こされるだろう（Hannah Arendt et Karl Jaspers, *Correspondance, 1926–1969*, rassemblée et annotée par Lotte Köhler et Hans Saner, trad. de l'allemand par Éliane Kaufholz-Messmer, Paris, Payot & Rivages, 1995. H. Arendt, *Rahel Varnhagen. La vie d'une juive allemande à l'époque du romantisme*, trad. de l'allemand par Henri Plard, Paris, Tierce, 1986）。

（57） Th. Lessing, *La Haine de soi, Le refus d'être juif*, p. 34.

（58） *Œuvres*, p. 961.

（59） J.-M. Perrin et G. Thibon, *Simone Weil telle que nous l'avons connue*, Paris, Fayard, 1967, p. 136.（J・M・ペラン、G・チボン『回想のシモーヌ・ヴェイユ』二二四頁）

（60） M.-M. Davy, *Simone Weil*, p. 26.（M‐M・ダヴィ『シモーヌ・ヴェーユの世界』三二頁）

（61） P.-A. Taguieff, *La Force du préjugé. Essai sur le racisme et ses doubles*, Paris, Éd. de la Découverte, 1988, p. 168.

（62） Lettre à G. Ripert (octobre ou novembre 1940), *SP* II, p. 290.

（63） これがH・アーレントが『思索日記』で特徴づけた根こぎ（Wurzellosigkeit）の第一の意味であった（*Journal de pensée*, Paris, Éd. du Seuil, 2005)。

（64） 一九三八年に『ヌーヴォー・カイエ（*Nouveaux cahiers*）』誌で行われた、パレスチナへのユダヤ人の移住やパレスチナで起こったアラブの反撃に関する論争の時に、ギョーム・ド・タルドはシモーヌ・ヴェイユの発言を次のようにまとめた。「どうして新しい国籍を作るのか。われわれは既に、一九世紀に生まれ、激しいナショナリズムによって扇動された、若い国家の存在に苦しんでいる［……］。それゆえ今日、五〇年もすれば、中近東や世界にとって脅威になりうるような国家を出現させるべきではない。パレスチナの中のユダヤ的な古い伝統の存在は、まさしくイェルサレムとは別の場所に、ユダヤの中心地を創出するための一つの理由である」（*Nouveaux cahiers*, nº 38, 1er février, 1939, p. 20）。

（65） 筆者による強調。

（66） *SP* II, p. 476 et 477.（『詳伝シモーヌ・ヴェイユII 一九三四―一九四三』三九二―三九三頁）

（67） *LR*, p. 985.（「ある修道者への手紙」二三二頁）

（68） «Questionnaire», à Dom Clément Jacob (début avril 1942), *OC*, IV, 1, *EM*, 1, Annexes, p. 443.

（69） Lettre 1, 19 janvier 1942, *AD*, p. 17.（「神を待ちのぞむ」一二頁）

（70） *SP* II, p. 398-401.（『詳伝シモーヌ・ヴェイユII 一九三四―一九四三』三二六―三二八頁）

（71） J.-M. Perrin et G. Thibon, *Simone Weil telle que nous l'avons connue*, Paris, Fayard, 1967, p. 97.（J・M・ペラン、G・チボン『回想のシモーヌ・ヴェイユ』一四六頁）

（72） Lettre 4, *AD*, p. 36.（「神を待ちのぞむ」二八頁）

（73） Lettre à G. Ripert (octobre ou novembre 1940), *SP* II, p. 291.（『詳伝シモーヌ・ヴェイユII 一九三四―一九四三』二三六頁）

（74） Lettre à X. Vallat (18 octobre 1941), *Œuvres*, p. 973.

（75） Lettre à Maurice Schumann (New York, non datée), *EL*, p. 198.（「モーリス・シューマンへの手紙（ニュー

ヨーク、日付なし)」二四一頁)
(76)«Dernières pensées», (26 mai 1942 de Casablanca), *AD*, p. 75 et 76. (「神を待ちのぞむ」五九頁)
(77)Lettre 4, AD, p. 36. (「神を待ちのぞむ」二八頁)
(78)「もしそうではなかったら、もし私が単に暗黙のうちにではなく、意識的にすでにとらえられていなかったら、あなたは私に何も与えなかったはずである。というのも、その場合、私はあなたから何も受け取らなかったということになるからである」(*ibid.*)。
(79)「神への暗黙の愛は、三つの直接的対象しか持つことができない。すなわち、秘密裏に現前するとしても、神が現に存在するこの世のたった三つの対象しか持つことができない。これらの対象とは宗教的儀式、世界の美、そして隣人である。[……] これらの三つの愛に、おそらく友情を付け加えるべきであろう」(«Formes de l'amour implicite de Dieu», p. 286)。(「はっきり意識されない神への愛の諸形態」『シモーヌ・ヴェイユ著作集Ⅳ』所収、渡辺秀訳、九九頁)
(80)人間が神によってとらえられなかった限り、人間は信仰を持つのではなく、単なる信だけを持つことになる(«Réflexions sur l'amour de Dieu», *OC*, VI, 1, *EM*, 1, p. 278.)。「聖パウロが言うには、信仰は見えないものが見えることとである」(«Formes de l'amour implicite de Dieu», *Œuvres*, p. 726.)。この「暗黙の信仰」という概念は、ペラン神父とシモーヌ・ヴェイユとの不和の原因であった。彼女は、彼に対して、この概念を理論的に認めたというかどで非難し、「実際に特殊な場合に[それを]認めること」(*AD*, p. 77.)への嫌悪感を示した(「神を待ちのぞむ」六〇頁)。
(81)「しかし、その当時私は福音書を読んでいませんでした」(lettle 4, *AD*, p. 39)。(同書、三〇頁)
(82)「私は神秘主義者たちの本を一度も読んだことがありませんでした。というのも、私にそれらを読むようにと命ずる何ものをも感じなかったからです」(*ibid.*, p. 45)。(同書、三四頁)
(83)「このように私はドグマを避けていたので、一種の恥ずかしさから教会へ行きませんでした。しかしながら、い

つか教会に行こうと思っていました」(*ibid.*, p. 41.)。(同書、三二頁)

(84) *Ibid.*, p. 40. (同書、三一頁)

(85) Lettre à Joë Bousquet (12 mai 1942), *Œuvres*, p. 797.

(86) Lettre 4, *AD*, p. 43. (「神を待ちのぞむ」三三頁)

(87) G. Herbert (1593-1633), «Love», trad. de Jean Mambrino, dans *Œuvres*, p. 800.

(88) *IPC*, p. 11. (「神の降臨」『前キリスト教的直観』所収、今村純子訳、法政大学出版局、二〇一一年、七頁)

(89) Lettre 4, *AD*, p. 44 et 45. (「神を待ちのぞむ」三四頁)

(90) Lettre à Joë Bousquet (12 mai 1942), *Œuvres*, p. 797. カルカソンヌの神学校院長のヴィダル師は、この秘密を打ち明けられた最初の人だった(R. Chenavier, *OC*, IV, 1, *EM*, «Introduction», p. 228, note 8)。

(91) «Amour de Dieu et le malheur», *AD*, p. 99; repris dans *Œuvres*, p. 693-716. (「神を待ちのぞむ」八二頁)

(92) Lettre à Joë Bousquet (12 mai 1942), *Œuvres*, p. 796.

(93) «Réflexions sur le bon usage des études scolaires en vue de l'Amour de Dieu», *AD*, p. 85. (「神への愛のために学校の勉強を活用することについての省察」『シモーヌ・ヴェイユ著作集Ⅳ』所収、渡辺秀訳、七二頁)

(94) Lettre 4, *AD*, p. 48 et 49. (「神を待ちのぞむ」三七頁)

(95) *OC*, VI, *Cahiers*, 3 (février 1942-juin 1942), *K11*, [*ms.* 76], p. 369. (『カイエ3』冨原眞弓訳、みすず書房、一九九五年、四二〇—四二一頁)

(96) J.-M. Perrin, *Mon dialogue avec Simone Weil*, p. 39.

(97) *PSO*, *OC*, IV, 1, *EM*, p. 281 et 282.

(98) Lettre à Maurice Schumann (New York, non datée), *EL*, p. 198. (「モーリス・シューマンへの手紙(ニューヨーク、日付なし)」二四一頁)

(99) *OC*, VI, *Cahiers*, 3, *K11*, [*ms.* 75], p. 369. (『カイエ3』四二〇—四二一頁)

(100) Lettre 1, *AD*, p. 22.（「洗礼のためらい」『シモーヌ・ヴェイユ著作集Ⅳ』所収、渡辺秀訳、一六頁）

(101) *LR*, p. 994.（「ある修道者への手紙」二三六頁）

(102) «Formes de l'amour implicite de Dieu», p. 315 et 317.（「はっきり意識されない神への愛の諸形態」一三五、一三七頁）

(103)「最高の教育を受けたキリスト教徒も、他の宗教的伝統において、多くの神的な事柄を学ぶことはできる。とはいえ、内的な光がキリスト教徒に対して自分のそれを通してすべてを知覚させるのではあるが。しかし、もし他の伝統が地上から消えれば、それは取り返しのつかない損失でしょう」（*LR*, p. 995）。（「ある修道者への手紙」二三八頁）

(104) «Formes de l'amour implicite de Dieu», p. 317.（「はっきり意識されない神への愛の諸形態」一三七頁）

(105) Henri Bergson, «Testament d'Henri Bergson» (1937), cité dans Floris Delattre, «Les dernières années de Henri Bergson», *Revue philosophique de la France et de l'étranger*, n° 38, mars-août 1941, p. 136.

(106) *OC*, VI, *Cahiers*, 2, Annexe IV, «Notes diverses», p. 545.

(107) ハンナ・アーレントが強制的に収容されていた東ピレネーのギュール収容所と、そしてそこで女性たちがその牢番たちにどのように扱われていたかということとに関しては、シモーヌ・ヴェイユの証言は、映画批評家ロッテ・アイスナーの著作（*Exilé en France*）における証言と部分的に一致している。アーサー・ケストラーが次の著作で引用している。Arthur Koestler, *La Lie de la terre*, Paris, Éd. Charlot, 1947. ギュールの収容所に関しては、以下のものを参照。Claude Laharie, *Le camps de Gurs 1939-1945. Un aspect méconnu de l'histoire du Béarn*, J&D Éditions, s. d., et Lisa Fittko, *Le Chemin des Pyrénées. Souvenirs 1940-1941*, trad. de l'allemand par Léa Marcou, Paris, Maren Sell & Cie, 1987.

(108) 緊急救助委員会（L'Emergency Rescue Commitee）――フランスでは米国援護委員会（Comité américain de secours）と改名された――は、休戦協定第一九項への対応として米国で設立された。それは、フランスであろうと、植民地であろうと、フランス政府にはドイツ帝国の政府によって任命された在外ドイツ人を、要求に応じて解放する義務があると規定したものである。その任務は、反ナチスの大義のために奉仕したすべての国籍の犠牲者を援助することであった。ヴァリアン・フライは、国際的な新聞の若きジャーナリストであり、ベルリンで一九三五年に直面したポグロム〔ユダヤ人虐殺〕によってユダヤ人問題に強い関心を持っていたが、自分の意志で援助を保証するために現場に赴いた。彼は、一九四〇年八月にマルセイユに到着した。「緋色の羊」と名づけられた彼の任務は、三週間の予定であったが、一年間延長された。しかし、その年の終わりに、フライが米国当局の承認の下にヴィシー警察に逮捕され、「ユダヤ人と反ナチス主義者を保護した」という理由でフランスから国外追放された。彼がフランスから脱出させるのに成功した人々の数は一二〇〇人、彼の援助を受けた人々は四〇〇〇人にのぼると見られる。今年われわれが生誕一〇〇年を祝ったフライは、以下の作品の著者である。*La Liste noire* (trad. de l'américain par Edith Ochs, Paris, Plon, 1999; réédité sous le titre, *Livrer sur demande*, Paris, Agone, 2008).

(109) «Sur les camps d'internement», *OC*, IV, 1, *EM*, Annexe C, p. 459.

(110) *OC*, VI, *Cahiers*, 3, *K8*, [*ms.* 97], p. 119.（『カイエ３』六三頁）

(111) *OC*, VI, *Cahiers*, 2, *K5*, [*ms.* 101], p. 254.（『カイエ２』七九頁）

(112) *OC*, VI, *Cahiers*, 4, *K18*, [*ms.* 17], p. 368.（『カイエ４』五六九頁）「諸矛盾の相関者は、脱我である。ある特定のものへの執着は、それと両立できない執着によってでしか破壊されえない。それゆえ、〝汝の敵を愛しなさい〟……〔彼らを敵とみなしつつ〕」、と書く（*OC*, VI, *Cahiers*, 3, *K8*, [*ms.* 68], p. 96）。（『カイエ３』一二三頁）

(113) *Ibid.*, Annexe II, p. 404.

(114) M. Schumann, «Présentation de Simone Weil», dans *Simone Weil, philosophe, historienne et mystique*, p. 18 et 19.

(115) Eliot Thomas Stern, Préface à *L'Enracinement*, *CSW*, V-2, juin 1982, p. 144.

(116) «Questionnaire», à Dom Clément Jacob（début avril 1942）, p. 442.

（117）G. Marcel, Préface à M.-M. DAVY, *Simone Weil*, p. 5 et 6.（M＝M・ダヴィ『シモーヌ・ヴェーユの世界』六頁）

（118）*SP* II, p. 218.（『詳伝シモーヌ・ヴェイユII 一九三四—一九四三』一七五頁）シモーヌ・ペトルマンがグノーシスについての二つの著作の著者であることを思い起こそう。*Le Dualisme dans l'histoire de la philosophie des religions. Introduction à l'étude du dualisme platonicien, du gnosticisme et du manichéisme*, Paris, Gallimard, 1946, et *Le Dieu séparé, les origines du gnosticisme*, Paris, Éd. du Cerf, 1984.

（119）Lettre à ses parents, cité dans *SP* II, p. 434.（『詳伝シモーヌ・ヴェイユII 一九三四—一九四三』三五八頁）

（120）«Formes de l'amour implicite de Dieu», p. 312.（「はっきり意識されない神への愛の諸形態」一三一頁）

（121）この点については以下のそれぞれの論文を参照のこと。P. Danon «À propos du catharisme», *CSW*, XII-2, juin 1989; Maura A. Dalyin, «Simone Weil gnostique?», *CSW*, XI-3, septembre 1988; A. Birou, «Simone Weil et le catharisme», *CSW*, VI-4, décembre 1983. また、以下の著作の第二部を参照することが大いに役に立つ。Massimo Cacciari, *Platonisme et gnose. Fragment sur Simone Weil*, trad. Michel Valensi, Paris, Éd. de l' Éclat, www.lyber-ecrat.net.

（122）J.-M. Perrin, *Mon dialogue avec Simone Weil*, p. 99.

（123）M. Broc-Lapeyre, «Les Hébreux», *Simone Weil, philosophe, historienne et mystique*, Paris, Aubier, 1978, p. 123.

（124）Lettre à Maurice Schumann（New York, non datée）, *EL*, p. 198.（「モーリス・シューマンへの手紙（日付なしのニューヨークからの手紙）」二四二頁）

（125）Lettre 4, *AD*, p. 58 et 59.（「神を待ちのぞむ」四四、四五頁）

（126）E. Voegelin, *Science, politique, gnose*（conférence de Munich, 1958）, trad. de l'allemand par M. B. de Launay, Paris, Bayard, 2004, p. 39.

(127) Lettre 2, *AD*, p. 24.（「神を待ちのぞむ」一九頁）
(128) Lettre 2, *AD*, p. 26.（「神を待ちのぞむ」二一頁）
(129) *PSO*, *OC*, IV, 1, *EM*, p. 151.
(130) Lettre 5, à Solange Beaumier（de Casablanca）, *AD*, p. 64.（「神を待ちのぞむ」五〇—五一頁）
(131) M. Sourisse, «La dialectique de l'enracinement et du déracinement dans la pensée de Simone Weil», *CSW*, IX-4, décembre 1986.
(132) D. Boitier, «L'impossible enracinement de Simone Weil. Simone Weil entre "judaïsme" et "catholicisme"», *CSW*, XIV-4, décembre 1991.
(133) Lettre 6, *AD*, p. 78 et 79.（「神を待ちのぞむ」六〇—六一頁）
(134) Lettre 4, *AD*, p. 53.（同書、四〇頁）
(135) Lettre 6, *AD*, p. 80.（同書、六二頁）
(136) *OC*, VI, *Cahiers*, 2, *K7*, [*ms.* 11], p. 421.（『カイエ2』三一八頁）
(137) Lettre à J. Posternak（été 1937）, *Œuvres*, p. 656.

# 第五章　エン・ヒュポモネー〔じっと待ちながら〕

「エン・ヒュポモネー〔じっと待ちながら〕（それは patientia〔忍耐〕よりもずっと美しい語です！）」（『神を待ちのぞむ』（『シモーヌ・ヴェーユ著作集Ⅳ』四一頁））。

「神と人類は待ち合わせの場所を間違えた恋人同志のようなものである。それぞれが時間前にそこにいるが、それぞれが違う場所で、待って、待って、待ち続けている」（*K14, OC, VI, Cahiers*, 4.〔p. 185〕（『カイエ４』一三七頁））。

シモーヌ・ヴェイユは、モーリス・シューマンに対して、自分の霊的な立場を「定義するのは難しい」と述べていたが、その自分の立場を要約して彼に次のように書いている。もっとも、彼女が親近感を抱いていたモーリス・シューマン自身は改宗しており、日曜日にはよくロンドンのブロンプトン・オラトリーに彼女を連れて行った(1)。「教会の外に、あるいはより正確には敷居の上にいるとはいえ、現実には私はそれでも内側にいるという感情を持たずにはいられません。中にいる人々以上に私に近いものは何もありません(2)」。このような秘跡的生の源泉の近くに留まりながら、「社会的現実」としての教会の外にい続けること、それは、シモーヌ・ヴェイユにとって、「決してなされなかった宗教の哲学的洗濯」に取りかかることである。「それを行うためには中にいてかつ外にいなければならない(3)」、言い換えれば、敷居の上で、待機の姿勢で、不安定な平衡の姿勢でいなければならない。「超越的なものへの移行は、人間の能力――知性、意志、人間の愛――が一つの限界にぶつかった時に、また人間がこの敷居の上に留まり［……］待ちながら緊張している時に、行われる(4)」。これはシモーヌ・ヴェイユのジレンマなのだが、洗礼を申し出ることでペラン神父を「喜ばせる」という欲求はあったが、社会的なものの罠から逃れることとは「信仰の完全な模倣(5)」であった。もう一度自分の「実直さ」を持ち出して――彼女が言うところの、彼の学的教養という理由(6)で、彼女がパスカルに対して否定するこの性質そのもの――、彼女はギュスターヴ・ティボンに次のように書く。「もしも私がいずれ教会に入るとすれば、教会の外に留まることによってであれ、教会に入ることによってであれ、私が何をしようと自分が嘘をついているという印象がある(7)」。かくして彼女は、教会の外に留まるという自分の使命を改めて確かめる。シエナの聖カタリナの庇護の下に置かれた世俗の信者の女性運動を設立するという、ペラン神父が抱いていた計画に対して、シモーヌ・ヴェイユは次のように反論する。「必要なのは、フランチェスコ修道会の新しい秩序ではありません。僧服、修道院は、分離するものです。これらの人々は大衆の中にいて、何ものも介在させることなしに、大衆にじかに触れるべきです[8]」。逆説的だが、われわれが見たように、シモーヌ・ヴェイユは、『根をもつこと』においても、「キリスト教と田舎の生活」においても、キリスト教の日常生活への受肉化の重要性を何度も強調するが、だからといって、どのような服装によってでも「数限りない、不幸な、信仰を持たない人々」(*AD*, p. 19〔著④一四頁〕)から離れることを望まなかった。まだしも彼女には、諸存在がその真の姿において、率直に自分に現れてくるためには、匿名的なものに溶け込む方がよかったのである。彼女が、その忍耐力を称賛する、収穫がまるでないにもかかわらず一晩中動くことのない漁師たちのように[9]、シモーヌ・ヴェイユは「身動きせず、不動の状態のままで」じっとしていようと決心する。すなわち、「自分が生まれて以来、キリスト教とそれ以外のすべてのものとの交差点に」いるが、まさしくその地点で「じっと待ちながら(エン・ヒュポモネー)」(*ibid.*, p. 54〔著④四一頁〕)。しかし、ここで問題になっている不動性はまったく霊的なものである。というのも、神に向けた眼ざしを動かすことなく、この注意の対象を見失わないように、ぎりぎりまで注意する努力が問題だったからである[10]。

これこそまさに、一九三一年の夏休みの時、シモーヌ・ヴェイユが短期間日常を共にした漁師の話である。それをアンヌ・レーノーは、『シモーヌ・ヴェイユの哲学講義[11]』に付けた自分の序文において次のように伝えている。「〝あれは風変わりな人でしたよ！〟［……］彼〔漁師〕は私にすぐさま、しかもごく自然に私に〝あの人は聖女でしたよ！〟と言った」[12]。エリオット・トマス・スターンもまた「一人の天才女性との、聖人のそれに似た天才との出会い［……］聖人の素質[13]」に言及するが、同じくエマニュエル・レヴィナスは「彼女は一人の聖人のように、世界のあらゆる苦しみを生きた[14]」と言い、またジョージ・スタイナーは彼女について書いた論文に「聖シモーヌ、すなわちシモーヌ・ヴェイユ[15]」という題名を付けた。エディット・シュタインのようには、洗礼への一歩を踏み出さなかったために、シモーヌ・ヴェイユの場合は、決して死後に福者の列に加えられることも聖列に加えられることもないだろう。彼女はペラン神父に、「私は、聖人たちの著作を通して、また彼らの人生に関する物語を通して、聖人たちを愛しています――私が十分に愛することも、聖人とみなすこともできない人々は別として[16]」と書いているが、そうであれば、そのように書く彼女はこの［聖なるという］形容語を拒否するのだろうか。たとえ彼女が自分のリストから排除した人々――これまでにわれわれが見てきたように、おそらくは、「盲目化し」、十字軍や異端審問を支持した人々――をはっきりさせていないとしても、それでもやはり彼女はそこで新しい聖性に、今の時代が要求するような「前例のない」聖性に訴えかける。「それは一つの湧出であり、発明です［……］これはほとんど世界と人間の運命とについての新しい啓示の類比物です[17]」。「聖性の道」や「超越的なものや超自然的なものへの入り口」は、たとえ彼女がプラトンの『国家[18]』の哲人王に立ち返って、このような「社会的機能」の承認の危険性を強調するとしても、彼女にとっては実際社会的なものを超越する唯一の方法として現れる。しかしながら、よくあるように、シモーヌ・ヴェイユの謙虚さがそれに打ち勝つ。彼女は、ロンドンからモーリス・シューマンに宛てた手紙において、どのようなものであれ「聖性の見せかけ」を拒否し、自分の場合は、「聖性のまがい物」しか保持していないと打ち明けている。「保持している（détenir）」という語は本当は不正確である。というのも、その語は、彼女の喩えを繰り返すと、「詩的才能について語る、教養のある銀行家、技師、将軍」のように、元々持っていたのになくしてしまった所有物――「それについてなくなっているということを彼らが知っているような美しいもの、また、彼らが愛し感嘆するが、自分が所有していないからといって、自分を非難しようなどとは一瞬たりとも思わなかったような美しいもの」――を抑え難く思い起こさせるからである。

それでは、シモーヌ・ヴェイユにとって聖性とは何だろうか。正直が商人に特有の美徳であり、勇敢さが軍人に、あるいはまた批判的精神が学者に特有の美徳であるのと同様に――それでも、ぼったくり商人や卑怯な兵士などが存在するとはいえ――、「キリスト教徒に特有の美徳は聖性です〔……〕」。シモーヌ・ヴェイユは、「聖性のまがい物」だけを自分のものとすることで、「キリストを愛すること」を選んだとはいえ「〔……〕聖性のはるかに低いところにいる」人々のうちに自分を置いた。また、――「あるいは、この聖性という語なしに、どんな他の名詞があるというのか[19]」――聖性というこの「一人のキリスト教徒にとって最低限のもの」を示しさえしない人々のうちに自分を置いた。そうだとすれば、それでも時代が待ち望んでいたこの新しい聖性に到達するために、彼女に欠けているのは聖性に伴う「超自然的なエネルギーの絶え間ない湧出」である。モーリス・シューマンへの手紙には明確な日付がないとはいえ、われわれは結核に冒されたシモーヌ・ヴェイユが最期の数カ月を暮らしたロンドンでの彼女を知っている。彼女の「生のエネルギーの貯蔵庫」は枯れ、彼女が告白するように、よく知らない者から見れば、彼女は「聖人たちの脱我との何らかの表面的な類似」を表す「肉体的にも精神的にも衰弱した状態」にあった。

キリスト教徒に特有の美徳が、聖性が、何に存するかを言うために、シモーヌ・ヴェイユが探し求めたのは、脱我、「欲望の消滅（仏教）［……］あるいは運命愛（*amor fati*）」[20]である。それゆえ、何らかの他の名詞——あるいは、聖性という語なしには、どんな他の名詞があるというのか——とは以上のものである。したがって、真の聖性とはわれわれが間違って現実と呼ぶすべてのものに対する脱我〔執着を無くすこと〕からなる。「世界の現実は、われわれにとって、われわれの執着からなる」[21]。シモーヌ・ヴェイユにとって、実際、われわれが諸々の対象の所有に執着——彼女にとって執着は物質を支配する重力のイメージそのものである[22]——するのは、これらの対象が、もはやわれわれがそれらを所有しなくなるやいなや、存在しなくなるのではないかという恐れにおいてでしかない。「執着は現実感覚の不十全性以外の何ものでもない[23]」。実在的なものは、脱我によってでしか到達しえない[24]。繰り返しになるが、シモーヌ・ヴェイユの場合、自分には聖人という形容語に十分に値する資格があると思うのではなく、もっぱら「聖性のまがい物」という言い方にふさわしいと思うのは、彼女がただ単に「疲れていた」からである。ところで、彼女が好んで繰り返すように、イザヤ書を引用し、「神を愛する者たちは決して疲れない」[25]。そして、以上が、彼女が自分を「実を結ばないイチジクの木」というルカ書の一三、六―九のイメージに喩える理由である。彼女はそのイメージを繰り返し書く。「私は実を結ばないイチジクの木の物語を身震いせずに読むことが決してできません。それは私の肖像だと思います。その中でも自然は無力であったが、だからといってそのイチジクの木が許されることはありませんでした。キリストはイチジクの木を呪いました〔……〕キリストにとって、実を結ばないイチジクの木のようなものであるという感情は、私の心を引き裂きます」[26]。ルカ書の八、五〔―一五〕の中の種を撒く人の寓話は、彼女にとって、今度は彼女自身を石に喩える契機になる。「この世界の事物に興味を持たず、神に／奉仕する力や／奉仕するエネルギーも持たず、その結果、不毛なままでいる魂。まさしく私がそうである」[27]。

したがって、真の聖性、新しい聖性に到達するために、依然としてしなければならない操作はこの「偽りの現実（まがい物の現実）」から離脱することであり、――この偽りのそれとはまた外的世界の現実でもある。というのも、実際に重要なのは事物化されたわれわれの自我の現実だけだからである――そしてまた、「神に向ってエネルギーの全体」[28]を放出することである。あらゆる普通の人間のエネルギーの自然的貯蔵庫であるすべての「原動力と反動」をわれわれのうちで抑えることに専念すること、われわれの中に、またわれわれの中から、入ってくるものも出ていくものも何もないようにすること――

「われわれの悲惨の秘密は諸事物がわれわれの中に入り込み、諸事物がわれわれから出て行くということである。栄養。執着」――、そして「（高度な意味での）無関心」に到ること、以上のことは実際「動機や原動力とは異なるエネルギーの源によって動かされ[29]」るための先決条件である。シモーヌ・ヴェイユがためらうことなしに「超自然的なものの奇跡」と命名する、エネルギーの、このような異なる源泉――神の命令が「自動車におけるガソリンのように、文字通りの意味で、運動エネルギー」（*E*, p. 336〔下・一二九頁〕）となる――すなわち、「受肉の奇跡に類似する一つの奇跡[30]」は、無為への断罪ではなく、「行動の成果の放棄によって定義される非行為」（*OC*, VI, *Cahiers*, 2, p. 350〔『カイエ2』二一五頁〕）に行き着く。一つ前の「カイエ」において、シモーヌ・ヴェイユは既に、四番目のカースト、社会から排除された人々のカースト、シュードラが、バラモンやクシャトリヤやヴァイシャに仕える者たちであるというヒンドゥーの伝統に立ち返って、「行為の成果を放棄することによって行動すること。シュードラにもそれは可能である[31]」と記している。執着の最後の糸までも断ち切ること――というのも、「一本の糸しか残っていなかったとしても、まだ執着がある[32]」からである。まさしくこの糸とは、彼女がペラン神父を依然として執着があるというかどで非難したものである――は、しかも、徳からも神からも離脱することを意味する[33]。そうでもしないと、執着を離れるというのではなく、ただ単に執着を変えたというだけになる[34]。より厳密には、離脱すべき神とは、「想像上の神、それに対する愛もまた執着であるような神」、「感受性に現れる[35]」神である。当然のことだが、シモーヌ・ヴェイユはただちに以下のように述べる。「神に対して人が執着しなければ、その場合には切断されるような綱はない。神は私たちの中に入ってくる。神だけが私たちの中に入ることができる。『知恵の書』によれば、『私の完全な純粋さが私をして至る所に入り込むことを可能ならしめる』」。あらゆる欲望から、言い換えると、悪から自己を解放するためには――[36]「ひとは地上の事物への欲望の執着を悪と呼びうる〔……〕。すべての欲望がひとたび神の方へと向けられると、空腹の時でも、ひとは食べたいとは思わない[37]」――、また、行為の成果の放棄というこの至上の脱我に到るためには、可能な道はたった一つしかない。すなわち、極端な不幸という道である。これは、「すべての他の執着の対象を取り除くように、神を感受性から取り除く[38]」極端な不幸の道であり、「暗いその夜の果てに〔……〕いかなる慰めもなく横切ってきた[39]」ヨブや、十字架――「（本物の釘で打ちつけられた真の十字架であった）」――の上のキリストが耐え忍んだ極端な不幸である[40]。実在が、もはや単にそのまがい物ではなく、最後に現れうるのは[41]、次のような時である。「この世の木、永遠のイチジクの木」の根がひとたび「脱我の斧で（『ギーター[42]』）」切られた時、ひとたびわれわれの中の生の本能が破壊された時、言い換えると、ひとたび、ひとが死を受け入れ、その結果「脱我の十全性[43]」に到達した時――「聖人とは生きていてなお死を現実に受け入れた人々である[44]」――、もっぱらそのような時である。したがって、われわれは、シモーヌ・ヴェイユが『根をもつこと』においてベルクソンのキリスト教に対して投げかけた皮肉の辛辣さをもっとよく理解できる。すなわち、彼にとって神秘主義者たちのエネルギーは「エラン・ヴィタル（生の跳躍）」の完成として現れることになる。

逆に、シモーヌ・ヴェイユの場合、もう一度言うが、「実在の閃光」(*E*, p. 319〔下・三一九頁〕)、神の息吹、でしかない真理への愛は、死を受け入れることを経由する。「神秘主義者たちや聖人たちの場合、驚嘆すべきことは、彼らが他の人々より、より以上の生、より以上の強い生を持ったということではなく、彼らのうちで真理が生になったということである。この世界においては、生は、すなわちベルクソンにとって貴重なエラン・ヴィタルは嘘でしかない。死のみが真なのである」(*ibid.*, p. 313 et 314〔下・一〇二、一〇三頁〕)。そして、神秘思想を秘めている教義が「死へと方向づけられている」ことの証拠として、シモーヌ・ヴェイユは『カイエ』において、T・E・ロレンスのようにカタリ派を引用する。[45]

かくして改めて確認されるのは、シモーヌ・ヴェイユにとって、神の現前は、不幸――「不幸は生の根こぎであり、多かれ少なかれ和らげられた死の等価物である」――という形で、悪の経験と結合しているという観念だけではなく、われわれ被造物が自分たちを「脱創造化」ために必要とするということである。「十字架。極端な不幸だけが贖罪の苦しみを完全に表すものである。それゆえ、不幸は、被造物が自己を脱‐創造化することができるために存在しなければならない」[46]。シモーヌ・ヴェイユにおいて、この新しい用語は聖性や脱我という用語と結びついて、特殊な〈創造(Création)〉概念に送り返される。この考え方によれば、神による〈創造〉は自己拡張の運動ではなく、まったく反対に神の全能の撤回や放棄や棄権の運動において成立することになる。「神は自分の力の及ぶ至る所に命令するのを止め」[47]、属性としては自分で進んで全能性を放棄するという性格しか持たない。かくして、このような

「弱体化」――「神とすべての被造物、それは神ひとりにも及ばない」――によって、神は、悪を含めて、自分自身よりもはるかに小さな価値しか持たない他の諸事物でも、たとえそれらが同時に放棄されるようになったとしても、存在できるようにしたのである。神はいわば自己を「否定し」（*AD*, p. 131 et 132〔著④一〇五頁〕）、自分自身を「空虚にした」[48]。その結果、神の現前はもはや不在という仕方でしか現れることはない。この創造者の行為は「愛の狂気」にほかならず（*ibid*., p. 131〔著④一〇六頁〕）、〈受肉〉よりもなお偉大である[49]。ところで神が自分の姿に似せてわれわれを創造したので、そのおかげで今度はわれわれは、この退位を再現することもしないことも、キリストがそうするように誘ったように、自分自身を否定することもしないことも、われわれの「誤った神性」を自分自身から取り除くことも取り除かないことも、そしてまた、そのためにわれわれの創造行為を完遂することもしないこともできるようになったのである。われわれの存在を、あるいはより厳密には、この「存在しているように見える非存在[50]」を拒絶することによって、神の自発的な放棄を模倣することは、以後われわれにとって唯一の「善」であり、こうした諦めによってわれわれは「空虚さの中で神と等しいもの[51]」になる。こうして脱創造は創造の一部となる。それが創造の完成である限りにおいて、脱創造は創造への被造物の参加を表しているだけでなく、被造物をして、「被造物が実存する限りで、なくしてしまった存在の充溢へと到らしめる[52]」のである。シモーヌ・ヴェイユは、破壊と脱‐創造との区別を「はっきりと理解」しようと努めた。脱‐創造と自殺とを――「自己を殺す二つの仕方、自殺（アキレウス）あるいは脱我[53]」――、自殺の場合にはわれわれは「脱‐創造のまがい物[54]」にしか関わることはないのだが、この両者を区別するために、彼女は、次のように記す。極端な不幸は「意に反して」被られなければならないのであり、「不幸を被らなくても済むように切に祈り求めなければならないのである。すなわち、必要とされるのは死であって自殺ではない[55]」。さもなければ、われわれがまさに自分自身から離脱したいにもかかわらず、実際にわれわれは欲望や執着の中に再び陥ることになる。しかし、もしも、あらゆる欲望が永遠の生や救済へのそれのために捨てられなければならないとしたら、われわれは改めて新しい執着に直面することになるのではないか。シモーヌ・ヴェイユが言うには、「ひとが渇きで死ぬ時に水のことを考えるように永遠の生を考えなければならないし、そして同時に、自分のために、また愛する者たちのために、もしもこれと似たような事が考えられるとしたら、神の意志に反して渇きが満たされるよりも、むしろこの水の永遠の窮乏を望」まなければならない（*ibid*., p. 219［著④一六五頁］）。

彼女が書いているように、「破壊が脱‐創造の対極である[56]」のは、破壊の原因たる神の模倣が「〔大文字の〕私（Je）[57]」の痕跡をなお留めているからである。たとえこの「〔小文字の〕私（je）」が無からきたものであろうと、実際に脱‐創造は小文字の人称代名詞「私（je）」の放棄を経由する。「しかし、私にはそれを知る権利がない。もし私がそれを知っていたならば、放棄はどこにあるのだろうか[58]」。存在しないことに同意すること、「一つの被造物でしかないと受け入れること」、すなわち「何ものでもないと受け入れること」、こうしたことは「あろうとすること」に存する罪を贖う唯一の仕方である。「もしもわれわれが非存在を欲するならば、われわれは非存在を持つ。非存在に気づきさえすればよい[59]」。「完全な善の所有を構成する[60]」のは、生命を持たない無でしかないことに対する同意であり、どんな善であれあらゆる善が失われていることを受け入れることなのである。

注釈者たち――特にウラジミール・ラビ[61]、たとえ彼が両者の類似点と同じぐらい相違点を指摘しているとはいえ――は、このヴェイユ的な〈創造〉の考え方の中に、カバラ、とりわけ一六世紀のイツハク・ルリアのカバラの反響を見た。偏在的でありながら自分以外の他のものに余地を残さない神というものの逆説について自問し、流出による〈創造〉説に反対することで、イツハク・ルリアは、実際に一つの理論を提示した。すなわち、それによれば、神は、唯一無二の一点に集中することで、収縮するようになり、自分自身の一部分から身を引き、その結果、有限で自律的な世界に場所を空けるために、空虚な空間を残したというものである。それゆえ、シモーヌ・ヴェイユは自分の知らないうちに自分の意に反して、彼女が自分のものとして拒否した根に連れ戻されることになったのである。その上、ユダヤ教の源泉として、シモーヌ・ヴェイユが知っていたのは、われわれが見てきたように、旧約聖書と知恵の書だけであった。したがって、神の全能の放棄を含む諸宗教が問題である時、彼女が書く時に思い浮かべるのはユダヤ教ではないのは明らかである。「これらの諸宗教は真の宗教であり、偉大な〈啓示〉を異なる言語に翻訳したものである。神性をその力の及ぶあらゆる場所の命令者として表象するような諸々の宗教は間違っている。たとえそれらが一神教的であったとしても、それらの宗教は偶像崇拝的である」(AD, p. 131［著④一〇六頁］)。それゆえ、われわれが見たように、脱 - 創造の場所であるあの「空虚」の中に、他の伝統、特にマイスター・エックハルトや仏教[62]のような伝統の反響を聞き取ることが禁じられているわけではない。ヴェイユ的な考え方をネプティックの神父たちのフィロカリア———正教会の霊性に関するテクストの選集———に、特にイサク・ル・シリアンに、接近させる非常に刺激的なもう一つの仮説が提示された。それによれば、平和、すなわち神との合一における沈黙、を指すギリシア語の《hesychia》という語は、一方では脱 - 創造へと、そして他方では同情や世界の美への愛へと、送り返されることになる[64]。〔注(64)に挙げた文献の〕著者が示唆するように、この伝統の持つ、一方では分ごとの苦行への、他方では眼ざしへの、空虚を受け入れる魂の観想的で脱我的な注意への固執は、「シモーヌ・ヴェイユの神秘思想において砂漠の匂い」を発見させてくれるかもしれない(CSW, XII-1, p. 56)。この章の冒頭に置かれた引用の中で、恋人〔女・人類〕の神との待ち合わせを喚起し、シモーヌ・ヴェイユが次のように述べる時、彼女においてこのような伝統の反響のようなものを聞き取ることはおそらく禁じられてはいない。「たとえ恋人〔男・神〕が直立不動で時間の続く限りその場に釘付けになっているとしても」、逆に女は「ぼんやりして待ち切れない様子である」。その場合、「もしも彼女が気が変わって立ち去ってしまえば、それは彼女には何と不幸であることか。というのも、彼らのいる二つの地点は四次元では同じ点だからである[65]」。

待つこと、聖性、脱我、脱 - 創造といったヴェイユ的諸概念を辿り直したこの短い道のりのうちで何を取り上げるべきなのか。もしも、この道のりが、シモーヌ・ヴェイユにとって――彼女はここで天上に根を下ろす植物として人間を描く『ティマイオス』のプラトンのイメージを再び取り上げているが――、「われわれが自らの尺度に合わせて創った根を断ち切り、真の根を認識すること(66)」と等しい永遠の救済へと近づこうとして、われわれのこの世の偽りの実存を放棄することでしかないとするならば、一体何が残されているというのか。神が到来し、魂に現れるのは、ひとたび疲れ切った魂が神を待つことを止める時、またこの世の善に対する非関与と神への愛に固執する時、この「暗い夜」の底からである。

**注**

(1) J. Cabaud, *Simone Weil à New York et à Londres* (*1942-1943*), Paris, Plon, 1967, p. 59.(J・カボー、前掲書、六三頁)

(2) Lettre à M. Schumann (New York, non datée), *EL*, p. 198.(「モーリス・シューマンへの手紙(日付なしのニューヨークからの手紙)」二四二頁)

(3) *OC*, VI, *Cahiers*, 2, *K7*, [*ms*. 36], p. 438.(『カイエ2』三四五頁)

(4) *OC*, VI, *Cahiers*, 4, «Carnet de Londres», *KI8*, [*ms*. 1], p. 362.(『カイエ4』五五九頁)

(5) «Amour des pratiques religieuses», *AD*, p. 195.(「宗教的なつとめへの愛」『シモーヌ・ヴェイユ著作集Ⅳ』所収、渡辺秀訳、春秋社、一九六七年、一四七頁)

(6) 「パスカルは既に神の探究において実直さを欠くという罪を犯していた。学の実践によって形成された知性を持っていたので、彼は、この知性に自由な働きを残すことによって知性がキリスト教の教義に確実性を認めようとはあえてしなかった。そしてまた、彼はキリスト教なしで済ませるべきだとする危険をあえて冒そうともしなかった。彼は、知性がそうしなければならないところを予め決定することによって、知的な探究を行った。他のところに到るというあらゆる危険を避けるために、彼は意識的かつ意志的示唆に従った。その後で彼は証明を求めた」(*E*, p. 314)。(『根をもつこと(下)』冨原眞弓訳、岩波文庫、二〇一〇年、一〇三―一〇四頁)

(7) Lettre à G.Thibon (septembre 1980), *CSW*, IV-3, p. 130.

(8) J.-M. Perrin, *Mon dialogue avec Simone Weil*, Paris, Éd. Nouvelle Cité, 1984, p. 110.

(9) *OC*, VI, *Cahiers*, 4, *K13*, [*ms.* 8], p. 82 (allusion à Luc 5, 4-5). (『カイエ4』二三〇頁:ルカ五、四―五の暗示)

(10) «Réflexions sans ordre sur l'amour de Dieu», *OC*, IV, 1, *EM*, p. 274 et 275.

(11) Anne Reynaud, *Leçons de philosophie de Simone Weil*, Paris, Plon, 1959, p. VI. (シモーヌ・ヴェーユ『ヴェーユの哲学講義』渡辺一民・川村孝則訳、ちくま学芸文庫、一九九六年(人文書院、一九八一年)、一八、一九頁)

(12) *SP* I, p. 183. (『詳伝シモーヌ・ヴェイユⅠ 一九〇九―一九三四』一四一頁)

(13) G. Steiner, «Sainte Simone: Simone Weil», *De la Bible à Kafka*, Paris, Bayard, 2002, p. 101 et 111.

(14) E. T. Stern, Préface à *L'Enracinement*, p. 142.

(15) E. Levinas, «Simone Weil contre la Bible», *Difficile liberté*, Paris, Albin Michel, 1976, p. 178. (エマニュエル・レヴィナス『困難な自由』合田正人・三浦直希訳、法政大学出版局、二〇〇八年、一七八頁)

(16) «Hésitations devant le baptême», lettre 1, *AD*, p. 21. (「洗礼のためらい」一五頁)

(17) «Dernières pensées», lettre 6, *AD*, p. 81. (「最後の思い」六三頁)

(18) *OC*, VI, *Cahiers*, 2, *K6*, [*ms.* 140], p. 397. (『カイエ2』二八九、二九〇頁)

(19) Lettre à M. Schumann (Londres, non datée), *EL*, p. 209. (「モーリス・シューマンへの手紙(ロンドン、日付なし)」二五九頁)

（20） *OC*, VI, *Cahiers*, 3, *K10*, [*ms.* 21], p. 264.（『カイエ3』二六八頁）

（21） *OC*, VI, *Cahiers*, 2, *K7*, [*ms.* 42], p. 443.（『カイエ2』三五三頁）

（22） *PSO*, *OC*, IV, 1, *EM*, p. 283.

（23） *OC*, VI, *Cahiers*, 2, *K7*, [*ms.* 109], p. 491.（『カイエ2』四三一頁）

（24） *Ibid.* [*ms.* 42], p. 443.（同書、三五四頁）

（25） Lettre à M. Schumann (Londres, non datée), *EL*, p. 203 et 211.（「モーリス・シューマンへの手紙（ロンドン、日付なし）」二四九、二六一頁）。イザヤ書四〇、三一のことである。「彼らの希望を神に置くものは新しい力を手に入れるだろう〔……〕彼らは走っても疲れることはなく、歩いても少しも疲れることはない」（*La Bible*, traduite du texte original par les membres du rabbinat français sous la direction de Zadoc Kahn, grand rabbin, Paris, Éd. Colbo, 2004）。（『聖書』日本聖書協会、一九九二年、九九八頁）

（26） «Dernières pensées», *AD*, p. 83 et 84.（「最後の思い」六四、六五頁）

（27） *OC*, VI, *Cahiers*, 4, «Carnet de Londres», *K18*, [*ms.* 37], p. 376.（『カイエ4』五八二―五八三頁）

（28） *OC*, VI, *Cahiers*, 3, *K9*, [*ms.* 23], p. 171.（『カイエ3』一三七頁）

（29） *OC*, VI, *Cahiers*, 2, *K6*, [*ms.* 79], p. 350.（『カイエ2』二一五頁）

（30） *Ibid.*, p. 351.（同書、二一五頁）

（31） *Ibid.*, *K4*, [*ms.* 6], p. 62.（『カイエ1』三一〇頁）この主題については、この巻の編者たちによる五五三頁の注（26）を参照すると有益である。

（32） *Ibid.*, *K7*, [*ms.* 42], p. 443.（『カイエ2』三五三頁）

（33） *OC*, VI, *Cahiers*, 1, *K3*, [*ms.* 3], p. 292.（『カイエ1』一九五頁）

（34） *Ibid.*, *K3*, [*ms.* 4], p. 293.（『カイエ1』一九六頁）

（35） *OC*, VI, *Cahiers*, 2, *K7*, [*ms.* 53], p. 451 et *ibid*, *K6*, [*ms.* 43], p. 321 et 322.（『カイエ2』三六八頁、一六八

頁）

（36）*OC*, VI, *Cahiers*, 2, *K7*, [*ms.* 53], p. 451.（『カイエ2』三六八頁）

（37）*OC*, VI, *Cahiers*, 4, *K15*, [*ms.* 23], p. 221.（『カイエ4』五〇四頁）

（38）*OC*, VI, *Cahiers*, 2, *K6*, [*ms.* 43], p. 321.（『カイエ2』一六八頁）

（39）*Ibid.*, [*ms.* 99], p. 366.（同書、二四一頁）

（40）*Ibid.*, [*ms.* 22], p. 305.（同書、一四二頁）

（41）「実在を望む者なら誰しも、執着を断ち切らなければならない」（*OC*, VI, *Cahiers*, 2, *K7*, [*ms.* 63], p. 458)。（『カイエ2』三八〇頁）

（42）*Ibid.*, *K7*, [*ms.* 10], p. 420.（同書、三一六頁）

（43）*Ibid.*, *K6*, [*ms.* 43], p. 321.（同書、一六九頁）

（44）*OC*, VI, *Cahiers*, 4, «Carnet de Londres», *K18*, [*ms.* 49], *ibid.*, p. 382.（『カイエ4』五九一頁）

（45）*OC*, VI, *Cahiers*, 1, *K2*, [*ms.* 28], p. 234.（『カイエ1』一五八頁）

（46）*OC*, VI, *Cahiers*, 2, *K6*, [*ms.* 94], p. 363.（『カイエ2』二三五頁）

（47）*OC*, VI, *Cahiers*, 3, *K12*, [*ms.* 22], p. 396.（『カイエ4』二四頁）

（48）*Ibid.*, *K13*, [*ms.* 93], p. 152.（同書、九七頁）

（49）*OC*, VI, *Cahiers*, 2, *K7*, [*ms.* 101], p. 368.（『カイエ2』二四三頁）

（50）*OC*, VI, *Cahiers*, 4, *K13*, [*ms.* 140], p. 124.（『カイエ4』五一頁）

（51）*Ibid.*, *K17*, [*ms.* 58], p. 347.（同書、四六五頁）

（52）*OC*, VI, *Cahiers*, 3, *K9*, [*ms.* 22], p. 170.（『カイエ3』一三一頁）

（53）*OC*, VI, *Cahiers*, 1, *K3*, [*ms.* 53], p. 316.（『カイエ1』二三六頁）

（54）*OC*, VI, *Cahiers*, 2, *K7*, [*ms.* 101], p. 368.（『カイエ2』二四三頁）

(55) *Ibid.*, *K6*, [*ms.* 94], p. 363.（同書、二三五―二三六頁）

(56) *Ibid.*, *K7*, [*ms.* 74], p. 466.（同書、三九二頁）

(57) *Ibid.*, *K5*, [*ms.* 104], p. 257.（同書、八四頁）

(58) *OC*, VI, *Cahiers*, 4, *K13*, [*ms.* 140], p. 124.（『カイエ4』五二頁）

(59) *Ibid.*, *K16*, [*ms.* 22], p. 252.（同書、三二四頁）

(60) *Ibid.*, [*ms.* 51], p. 269.（同書、三五二頁）

(61) W. Rabi, «La conception weilienne de la création. Rencontre avec la kabbale juive», dans *Simone Weil, philosophe, historienne et mystique*, Paris, Aubier, 1978. また同じ著者による以下のものを参照。«Du nouveau sur Simone Weil», *Nouveaux cahiers*, automne 1971, n° 26.

(62) Maurice De Gandillac, dans la discussion qui suivit la communication de François Heidsieck, «Dialectique ascendante et dialectique descendante», dans *Simone Weil, philosophe, historienne et mystique*, «Discussion», p. 268.

(63) *Philocalie* des Pères neptiques, trad. Jaques Touraille, Abbaye de Belle-Fontaine, 7 vol., Bégrolles-en-Mauges, 2004.

(64) Béatrice-Crémentine Farron-Landry, «Décréation: l'attention-*hesychia* chez Simone Weil, témoin de l'impossible», CSW, XII-1, mars 1989.

(65) *OC*, VI, *Cahiers*, 4, *K14*, [*ms.* 42], p. 185.（『カイエ4』二三七頁）

(66) *OC*, VI, *Cahiers*, 2, *K7*, [*ms.* 28], p. 432 et note 28. また以下を参照。«L'arbre du monde, le figuier éternel dont il faut couper les racines avec la hache du détachement (*Gitâ*)» (*ibid.*, [*ms.* 10], p. 420 et note 29).「この世の木、脱我という斧でその根を切断しなければならぬ永遠のイチジクの木（『ギータ』）」（『カイエ2』三一六頁）。

# エピローグ　政治的なものの放棄？

「生まれはユダヤ人、教育は不可知論、資質はキリスト教、そして実際は神秘主義者」（クロード・モーリアック『フランス・ソワール』一九八五年八月二八日）。

「神秘思想は人類の美徳の唯一の源である」（*OC*, VI, 3, *K8*.〔『カイエ3』七三頁〕）。

シモーヌ・ヴェイユは、自分の抵抗を乗り越え、教会に加わることはなかった。また、彼女は、教会の敷居の上で、出会いを待ちながら、じっとしていた。それゆえ、この神の恋人は、キリスト教会〔キリストの神秘的集団（Corps mystique du Christ）〕のメンバーではない。たとえ彼女がこのイメージを非常に「魅力的」であると思ったとしても、それはただちにそこに「われわれの堕落（déchéance）の最も重大な徴の一つ」を見るためである。人間の尊厳は、実際に、彼女から見れば、「たとえキリストの集団であったとしても」、集団に加わることにあるのではなく、むしろ次のような完徳の状態に到ることにある。この完徳の状態にあっては、「キリストはわれわれの中で生きている。したがって、この状態によって、完全無欠性と不可分な統一性のうちにあるキリストは、それが各自の聖体のパンの中に丸ごとあるように、ある意味では、われわれの一人ひとりになる。諸々の聖体のパンは、キリストの身体の諸部分ではない……」。そして、シモーヌ・ヴェイユはこれ以上ない明晰さで次のように付け加える。「確かに、キリスト教会のメンバーであることには強烈な陶酔感があります。しかし、今日、先頭にキリストを持たない他の多くの神秘的集団が、私の意見では、この集団のメンバーたちに同じ本性を持つ陶酔感を与えています」(AD, p. 59［著④四五頁］)。そのことによって、彼女は、改めてエリック・フェーゲリンの偉大な諸観念の一つに合流するように思われる。彼にとって、「人種」の観念は、「身体の諸観念」[1]――それらは、それぞれ、王朝や、血統や、血族関係や、あるいはまたキリスト教会の諸観念なのだが――の歴史的な連鎖に由来する最も新しい環の一つでしかなかったが、こうした身体の諸観念はすべて、集団のメンバーの共有する「起源」の主張に基礎を持つ。

シモーヌ・ヴェイユが自分の意志で選んだとはいえ、亡命のかくも辛く孤独な道、極端な不幸の道、「われわれ」と言うだけではなく「私」と言うことの放棄の道、至上の脱我、すなわち脱‐創造の享受[2]、一言で言うと、「完全な純粋さかあるいは死か」[3]という二者択一は、同じように死すべき者〔人間たち〕の大多数にも当てはまるだろうか。それは、キリスト教の隣人への愛と同情の原理とだけ合致するものなのだろうか。たとえ私が、他の人々がどんなに悪かろうが彼らが存在できるように、自分が存在しないことに同意しなければならないとしても、だからと言って、逆もまた真であるとはならないだろう。困っている他人を助けること、被造物として他人の役に立つことは、依然として無条件的な義務である。というのも、「創造された一存在が他の被造物にその存在を放棄するようにしむけるべきではない[4]」からである。他人の不幸をなくそうとして、自分自身の不幸に同意すること、しかしまた「不幸を遮ることが絶対に不可能である時[5]」に他人の不幸に同意することは、たとえ神への愛が辛さのどん底で体験されるとしても、何ら神の愛への桎梏ではない。神は善と悪が共存する世界を創造したのである。したがって、悪の存在はその起源として神の善良さの過剰を持ちさえする。その結果、われわれは、「われわれが遮る可能性と義務とを持つ悪の部分を含めて、存在するすべてのものの存在を受け入れ」(*IPC*, p. 150〔一七六頁〕) なければならないのである。

ここでシモーヌ・ヴェイユが証言する運命愛(*l'amor fati*)は、よりよい文明、秩序の回復を目指すあらゆる政治的計画の放棄なのであろうか。シモーヌ・ヴェイユは、「悪魔」がわれわれの手の中に置いた善と悪という対をあの「燠火」に喩えているが、これをどのようにして厄介払いすべきだろうか[6]。われわれが見てきたように、善と悪の対立を否定することにある、すなわち「すべてが価値がある」と主張することにある、宗教的な問題を取り除くための最初の方法は、「狂人」化である。この方法こそが強制収容所へと行き着いたものである(*EL*, p. 99〔一一四頁〕)。第二の方法は、これもまたわれわれが見てきたことだが、「偶像崇拝」であり、巨獣の崇拝、国家や教会、さらには唯一無二の党という名の下に社会的現実を熱愛することである。たとえあらゆる偶像がはかないものだとしても、第二の方法もまた一種の「狂気」へと到る。われわれの像が大きく映る鏡としてのドイツ――「われわれの敵は、偶像崇拝、宗教的信仰のまがい物によって人々の注目を集めたのである!!」(*ibid.*, p. 103〔一一八頁〕)――と、これとは別の偶像崇拝を糧として生きたロシアとに関して、われわれがそれぞれ提示した、「下劣な」偶像崇拝に対して戦う第三の方法について言えば、それは「絶対的な善と魂の合一」、言い換えれば、神秘思想に依拠することである。「一民族全体の生のすべては、丸ごと神秘思想へと方向づけられた宗教によって深い影響を受ける。この方向づけだけが宗教を偶像崇拝から区別する」(*ibid.*)。それゆえ、「救済」が到来しうるのは政治からではない。というのも、諸価値の中間的領域に属する「民主主義、権利、人格」というような語は抑圧された人々を苦しめることしかできないからである。「もしも不幸な人々を効果的に武装させたければ、その本来の住処が天上に、天上の彼方に、あの世においてあるような語だけを彼らに教え込まなければならない(7)」、すなわち、彼らの極端な不幸が彼らにむさぼるように欲求させる語こそを教え込まなければならない。しかし、他方で、もしも、シモーヌ・ヴェイユが主張するように、「それが不幸な人々にとってあまりにも縁のないものだからという理由で、彼らに対して神の国について話す(8)」ことができないとすればどのようにすればよいのだろうか。アンチゴネーやフィロクテテスが、苦しんでいる人々に自分自身について「話す」のと同様に、この苦しんでいる人々に対して、〈十字架〉、神自身によって耐え忍ばれた苦しみや不幸についてだけを話すべきなのだろうか。「キリストは疲れていたと彼らに言うこと」(9)。したがって、われわれには次のように問う権利があるのだが、肉体労働者たちのみじめさと屈辱を分かち合うことにこだわり、非奴隷的な労働条件についてあれほど考察した彼女が、それにもかかわらず、自分たち自身の不幸に同意するように労働者たちに勧めるというのは、逆説的なこと、さらには言語道断なことなのではないだろうか。ここでシモーヌ・ヴェイユは、新しい概念、「霊的貧しさ」という概念を導入する。ヨーロッパは今「奴隷化と抑圧との下にある」が、霊的貧しさの美徳が「ヨーロッパに根をはる(10)」という条件でのみ、〔ヨーロッパ全体の〕解放の到来の時に、よりよい未来を希望することができるはずである。たとえ彼女が「霊的貧しさが見かけ上は奴隷の容認に似ている」ということを認めるとしても、またその貧しさがそれと同一でさえあるということを認めるとしても、しかしながら、それは、「ほとんど無限小のもの」である。「〔それは〕常に、同一の無限小であり、この無限小は全体よりも無限に大きい」(*EL*, p. 108〔一二五頁〕)。それゆえ、結局シモーヌ・ヴェイユが「不幸な人々」に勧めるのは、彼ら自身の不幸への同意である。しかし、それは十字架の上のキリストの苦しみという手本との同一化を基にしてである。「労働と死は、もし人間がこの労働と死とを被ることに同意することによって、それらを被るとすると、神への服従という最高の善への移行をもたらすのである」(*E*, p. 377〔下・一七六頁〕)。「一民族の生においても一つの魂の生においても、問題は、この無限小との直接の接触を持たないすべてのものが美を媒介にしていわばその無限小がしみ込んでいなければならない〔ように〕、〔神であるところの〕この無限小を中心に据えることだけである」[11]。

運命愛、世界の秩序への愛、そしてこの秩序によって、科学や芸術や宗教が合流する[12]。また、この秩序は世界の美以外のものではなく、「何よりも愛されなければならない。というのも、それが神への純粋な服従だからである」(*ibid.*, p. 363［下・一六一頁］)。「困難」であるとはいえ、この方法は「接近不可能」ではない。「今日必要なのは、エリートがみじめな大衆の中に霊的貧しさの美徳を掻き立てることである。そのために、まず、このエリートのメンバーが霊的にも事実上も貧しくなければならない。彼らは毎日、自分の魂と肉体において、みじめさの苦痛と屈辱を被る必要がある［……］こうした人々は大衆の中に存在しなければならないのであり、直接的に大衆に触れなければならないのである」[13]。われわれはやがて理解することになるが、シモーヌ・ヴェイユがその到来を願うこの「エリート」は、彼らにあっては苦しみの叫びが「騒音」としてしか聞こえないような、耳を貸さない政治家たちではありえない。ペラン神父が思い描いたように、このエリートはまた、たとえそれが宗教から独立したものであったにせよ、秩序の「衝立」の背後に逃げかくれすることはできないだろう。「本当に純粋な英雄たち、聖人たちや天才たちのみが不幸な人々にとっての救いとなりうる」[14]。神だけが労働者たちの切望する「合目的性への渇望」を満たすことができる[15]。

「キリスト教と田舎の生活」において展開された象徴体系、しかしまたそれは、われわれが見てきたように、あらゆる社会的職業的カテゴリーにも当てはまるのだが、この象徴体系や、超越的秩序に対してなされる、人間存在やあらゆる政治的社会の方向づけ全体は、シモーヌ・ヴェイユにおいて、「不可知論の霊的な病い」から生じた、全体主義によって体現された時代の無秩序との闘いを運命づけられた「政治的神学」について語ることを可能にするかもしれない。エリック・フェーゲリンとシモーヌ・ヴェイユは、文明が冒されている病いの診断に関してだけ一致するわけではない。この病いは、彼らから見ると、社会‐歴史的諸要因から生じるというよりも、むしろ自称「政治的宗教」が大衆に及ぼす聖なるものの次元の喪失や倒錯的誘惑から生じるのである。彼らは単に、グノーシスについてのそれぞれの関心によって、すなわち、進歩信仰への、古代の思想家たちの最高善を犠牲にした支配的リビドーへの、批判によって、またその時代の伝統文化からの離脱とそれを治療する必要性との確認によって、一致しているというのではない。また彼らは単に、プラトンへの共通の参照――プラトンによれば、都市の秩序は魂のそれを反映したものであり、ポリスは並外れた性格をそなえた個人と同じ特徴を持つのだが――によって、一致するというのでもない(16)。彼らは二人とも、米国と英国に対する信頼に希望を見出すというだけではなく、同じように消滅した秩序の回復にも希望を見出しているという点で一致するのである。フェーリゲンは次のように書いていた。「一つの希望の光が残存している。というのも、その制度が魂の真理を最も堅固な仕方で表象する米国と英国の民主主義は、同時に、実存的なレベルにおいて、最も強力な力だからである」(17)。そして、一九四三年以降、ロンドンにいたシモーヌ・ヴェイユの方は、次のように書いた。「英国が時代の病いに蝕まれているとしても、この国の歴史の中にはあまりにも連続性があり、その伝統にはあまりにも生の力が存在しているがゆえに、いくつかの根はなお、そこで、神秘的な光がしみ込んだ過去の中から樹液を汲み取るのである」[18]。彼らに共通する、あらゆる教条主義と党派性への拒否や宗教的混合主義にもかかわらず、彼らはユダヤ教の解釈に関しては別々の立場に立つ。というのも、フェーゲリンが完全なルター派――たとえ彼の母がカトリックであったとしても――であったとはいえ、彼は、彼の未完の集大成をなす、五巻のうちの最初のもの『秩序と歴史(*Order and History*)』[19]を、イスラエルでなされた啓示の問題に当てているからである。

**注**

(1) E. Voegelin, *Race et État*, trad. de l'allemand par S. Courtine-Denamy, précédé de P.-A. Taguieff, «Elich Voegelin, 1933: un philosophe face à l'idée de race et au racisme», Paris, Librairie philosophique J. Vrin, 2007.

(2) *OC*, VI, *Cahiers*, 2, *K7*, [*ms.* 110], p. 491.(『カイエ2』四三一頁)

(3) *OC*, VI, *Cahiers*, 4, *K14*, [*ms.* 39], p. 377.(『カイエ4』五八四頁)

(4) *Ibid.*, *K16*, [*ms.* 13], p. 246.(同書、三一五頁)。また以下のものを参照。«Carnet de Londres», *K18*, [*ms.* 39]:(「ロンドン手記」『カイエ4』所収、三一五頁も参照のこと)。「それは、すべての人間にとって、霊的な善の救済の〔救済を得るための〕普遍的な条件ではないということを知るのは何という歓びだろう！　というのも、それが常にかくも苦痛に満ちた仕方で贖われなければならないとすれば、愛する人々に善を望むためには自分に対して激しい暴力をふるわなければならなくなるからである」(*Ibid.*, [*ms.* 39], p. 377)。(『カイエ4』五八四頁)

(5) *OC*, VI, *Cahiers*, 2, *K6*, [*ms.* 95], p. 363.(『カイエ2』二三六頁)

（6） «Une guerre de religions», *EL*, p. 99.（「この戦争は宗教戦争である」一一四頁）

（7） «La Personne et le sacré», *EL*, p. 30.（「人格と聖なるもの」二八頁）

（8） *OC*, VI, *Cahiers*, 3, *K12*, [*ms.* 23], p. 397.（『カイエ４』二四頁）

（9） *OC*, VI, *Cahiers*, 2, *K4*, [*ms.* 8], p. 63.（『カイエ１』三二一頁）

（10） «Une guerre de religions», p. 105.（「この戦争は宗教戦争である」一二二頁）

（11） *Ibid.*, p. 103.（同書、一二〇頁）

（12） *OC*, VI, *Cahiers*, 2, *K6*, [*ms.* 80], p. 351.（『カイエ２』二一六頁）

（13） «Une guerre de religions», p. 105.（「この戦争は宗教戦争である」一二二頁）

（14） «La Personne et le sacré», *EL*, p. 32.（「人格と聖なるもの」三一頁）

（15） «Condition première d'un travail non servile», *OC*, IV, 1, *EM*, p. 422.（「奴隷的でない労働の第一条件」一九七頁）

（16） Platon, *La République*, 576c-d.（プラトン『国家（下）』藤沢令夫訳、岩波文庫、一九七九年、二八四頁）

（17） E. Voegelin, *La Nouvelle Science du politique. Une introduction*（1952）, trad. de l'anglais, préface et notes par S. Courtine-Denamy, Éd. du Seuil, 2000.

（18） «Une guerre de religions», p. 105 et 106.（「この戦争は宗教戦争である」一二二頁）

（19） E. Voegelin, *Order and History*, vol. I, Israel and Revelation（1956）, *The Collected Works of Erich Voegelin*, éd. Ellis Sandoz, 34 vol., Columbia & London, University of Missouri Press, 1990-2009.

# 訳者あとがき

本書は、Sylvie Courtine-Denamy, *Simone Weil :La quête de racines célestes*,《La nuit surveillée》, Les Editions du Cerf, Paris, 2009. の全訳である。本書の著者の日本語訳は、二〇一〇年に出版された、『暗い時代の三人の女性――エディット・シュタイン、ハンナ・アーレント、シモーヌ・ヴェイユ――』（庭田茂吉他訳、晃洋書房、以下『三人の女性』と略記）に続き、二冊目である。ちょうど私がパリにいた時に、『三人の女性』が刊行され、彼女に送ったところ、本書を贈呈された。そして、そこに、シモーヌ・ヴェイユに関するこの新刊の日本語訳の出版の希望が記されていた。私は、京都に戻って考慮したいと返答した。その後、いつものように、萌書房の白石徳浩さんに相談し、今回のような出版の運びになった。仔細は書かないが、紆余曲折がなかったわけではない。

本書の著者、シルヴィ・クルティーヌ＝ドゥナミについては、出版社は異なるが、初めての日本語訳『三人の女性』の中の服部敬弘による「著者紹介」を参照していただきたい。詳しい紹介がある。ごく簡単に触れると、パリ第四大学でニーチェ研究において哲学の博士号を取得後、長年リセの最終学級で哲学を教え、複数のグランゼコールで教鞭を執り、現在はパリ高等研究学院、アルベルト・バンヴェニスト研究センターで、ユダヤ思想の研究に従事している。ここでは、この程度に留めるが、彼女の仕事の中で、本書との関連で特に目を引くのがアーレントの翻訳と研究であり、またエリック・フェーゲリンの翻訳、研究である。アーレントもフェーゲリンも、本書できわめて重要な位置を占めている。アーレントについては、根をもつこととの関連で、また、フェーゲリンについては、政治哲学と宗教との関係との関連で、非常に興味深い議論が見られる。アーレントは今やほとんどの著作の日本語訳が出揃い、それなりの研究も見られるが、フェーゲリンの方は今後の研究や翻訳に俟つところが大きい。レオ・シュトラウスも含め、いわゆる「政治神学」の問題であるが、その意味で、随所に見られる本書でのフェーゲリンへの言及は貴重なものであろう。

翻訳は次の手順に従って行われた。まず、共訳者の落合芳が下訳を作り、それを私が全面的に訳し直した。そして、最後にまた、編集者と落合と私の三人で最終的な点検をし、部分的な修正を加え完成させた。私の病気のため、作業が遅れ、原著者にも編集者にも共訳者にも迷惑をかけた。謝りたい。文献一覧と索引は、同志社大学大学院文学研究科哲学専攻後期課程に在籍の樋口雄哉君にお願いした。彼にはその他にもいろいろ助けてもらった。感謝したい。なお、訳出に当たって、本書で引用された邦語文献を参照させていただいた。逐一訳者のお名前は挙げないが、感謝を申し上げたい。

最初にパリのカフェで、落合芳に翻訳の話を持ち出した時のことを思い出す。寒い一日だったが、ホットワインに救われた。偶然の出会いは楽しい。しかし、翻訳はまた別である。本書の翻訳を進める上で、前回の『三人の女性』の時とは異なる難しさがあった。シルヴィ・クルティーヌ＝ドゥナミのスタイルなのだが、彼女の地の文と多くの引用の文章との境目が判然としない。良い言い方をすれば、渾然一体と化し、そこには融合が見られる。しかし、悪い言い方をすれば、曖昧さは不明瞭さへと変わり、引用の中の文章も不完全なものも見られ、うまく文意が通らないところもあった。落合から直接彼女に問い合わせてもらい、間違いの修正等を行い、引用文と原文との照合も試み、最終的には、訳者の判断で原著の文章の手直しもした。もちろん、私のできることは限られているので、訳者としての仕事を逸脱することはなかった。しかし、これらの修正によって、何とか日本語で読めるものになったのではないか。もし、そうでないとしたら、責任は私にある。

本書のフランス語は決して読みやすいものではない。ただ前著での経験があったので、戸惑いは少なかった。ドゥナミの文章には特徴がある。現在分詞が非常に多い。本当はそれをじょうずに日本語の中に移し替えなければならないのだが、シモーヌ・ヴェイユをはじめ、他の多くの著名な人々の著作や手紙等の引用がたくさんあり、うまく行かなかった。文体を訳すところまでは行かなかった。私の未熟さのせいである。しかし、少し言い訳をすると、ともかく文意を通すこと、少しでも分かりやすい日本語にすること、難解な訳ではなく易しい文章にすることを心がけ、そのために長いフランス語原文を細かく切ることなども敢えて試みた。そのため、原文のリズムが犠牲になった。しかし、難解な内容の議論や文章は、やはり難解なままであり、決して簡単ではないし、読みやすくもない。読者の理解力に頼るしかない。その点は、ご寛恕のほどを願いたい。

本書のテーマを一言で言うと、シモーヌ・ヴェイユの思想と行動におけるさまざまな逆説、すなわち「パラドクス」である。彼女の中に見られるパラドクスをどのように考えるか。例えば、シモーヌは、キリスト教の霊感に賭けながら、キリスト教の手前にとどまった。例えば、彼女は、マルクス及びマルクス主義を根本から批判しながら、真正の唯物論的思考を持っていた。例えば、彼女のユダヤ的なものをめぐる葛藤は、尋常ならざる複雑さを呈し、われわれに内在的理解の困難を強いる。このように挙げていけば、きりがないほどである。しかし、そこにこそ、二〇世紀を代表する哲学者、シモーヌ・ヴェイユの魅力があるのではないか。純情と狷介をまとい、悪意と善意を一身に体現する、「哀切」ではなく「痛切」なシモーヌ・ヴェイユの言葉の力が、思考の力が、行動の力が、時代を超えて、状況を超えて、条件を超えて、われわれを誘惑する。パラドクスについては、是非本書で直に触れていただきたい。

私からのお願いは、本書を読んでいただきたいということに尽きる。しかし、お節介の誹りを免れないだろうが、敢えて二点だけ付け加えることにする。一つは、シモーヌ・ヴェイユのパラドクスの中心には、常に関わりと離脱があるということである。本書では、前者が《attachment》（執着）という語で、後者が《détachment》（脱我）という語で、それぞれ表されている。訳語としては、いろいろ考えられるが、英語のアタッチメントとデタッチメントの含意を汲み取っていただければ一番分かりやすいはずである。ただし、これら二つの語には、さまざまなニュアンスが込められ、表面的な対立ではなく、それらを深さにおいて理解する必要がある。例えば、根をもつこととデラシネ、根こぎとの組み合わせは容易ならざる逆説を生み出す。かつてルソーが試みたように、社会的身体はさまざまな病気に冒されているがゆえに、まず診断を下し、病状を正確に把握しなければならない。次に、その病んだ社会を治療するための処方箋を書き、薬を出さなければならない。ルソーの場合、治療薬は多岐にわたったが、それは病いの方も多種多様だったからである。他方、シモーヌ・ヴェイユにおいては、病気は単純で根深いものであった。すなわち、「根こぎ」である。根を奪われていること、根をもたないこと、根を下ろすことができないこと、要するに《déracinement》である。遺稿となった『根をもつこと』において、下された現代の社会の病気の診断とその治療薬について当該個所を参照していただきたい。そこには、ルソーの試みを現代の現実社会を相手取って実践した、シモーヌ・ヴェイユのすぐれた思考と行動がある。ただし、この問題は、単に社会の問題にとどまるものではなく、もっと深く彼女自身の実存に関わる深刻な問題でもあったことを忘れてはならない。本書において、パラドクスが取り上げられた所以でもある。

二つ目は、郷土や祖国等の訳語を当てた、《patrie》の問題である。この語もまた注意が必要であるが、出発点は単純である。おそらく誰しも、自分の生まれ育った場所については愛着があるであろうが、それを「転生」させて使用すると、事態は複雑になる。もちろん、この出発点の段階でも、問題がないわけではない。リアリズムから言えば、愛着といっても、そこには愛憎とも言うべき葛藤もあるだろうし、誰もが単純に愛着を持つと言われると、そこには嘘や虚構が混じることになろう。ただ今は話を簡単にするために、愛着から出発するが、このパトリと並んでそこに《patriotisme》を置くと、単純さや簡単さだけでは割り切れない問題が出てくる。パトリオティスムを「郷土愛」とし、さらにそれを「祖国愛」にまで拡げていくと、かなりの注意が必要になる。生まれ育った場所への愛着から国家への愛への移行は、単純な直線で考えるわけにはいかないからである。この移行には、飛躍や紆余曲折やイデオロギー的歪みや屈曲や偏向や誰かの「見えない意図」等、すなわち「不自然」や「作為」や「欺瞞」や「錯覚」や「幻想」を通り抜けなければならない。あの「集団的熱狂」や「われわれ」と言う時の「気持ちよさと不快感」とを経由しなければならない。二〇世紀という昨日の幻影が示したように、事態は見かけよりもはるかに複雑である。シモーヌ・ヴェイユはこのことをよく理解していた。その結果、そこから、彼女のさまざまな逆説的表現が生まれてくる。この愛をどこに根づかせるべきか。ネーションはそれにふさわしい場所なのか。もっと言えば、この愛を、地上の世界に求めることは危険きわまりないのではないか。かつて、社会を国家から切り離し、社会の力によって国家の争いを超えるという考え方があった。もちろん、この社会の力の拡大によってナショナルなものの力を弱めようとする思想は今もあるだろう。しかし、「パトリ」は地上の世界のどこかにあるのか。彼女の答えは、地上ではなく、天上にこそそれはあるというものである。ただし、「天上」ということで何をどう考えるかに注意しなければならない。そこにはさまざまな含意があるからである。根をもつこととの関連で言えば、根は、大地に根づき、天上から太陽のエネルギーをもらって、深く強くなっていく。われわれは地上と天上に同時に生きる。シモーヌ・ヴェイユの命がけの、生命的、自然的及び超自然的、そして社会的身体的直観である。

本書を読むと、多くの思考に誘われる。彼女の思想と行動の力の賜物だろう。この本もまた、一人でも多くの読者に実際に読まれることを希望する。読もうと思うことと実際に読むこととは異なる。最後になったが、今回もまた、萌書房の白石徳浩さんのお世話になった。身体の不調に悩まされることが多い私に、このように仕事の機会を与え、形にしていただき、感謝に堪えない。今後も、彼との仕事が続くが、できる限りのことはやっていきたいと念願している。この翻訳を続けている時、ずっと浅川マキのコレクションを聞きながら、作業を続けた。愛妻からは呆れられたが、なぜか浅川マキとシモーヌ・ヴェイユが合った。是非、浅川マキを聴いてみてください。もしかしたら、仕事が捗るかもしれませんよ。

二〇一三年五月

訳者を代表して

庭田茂吉

■著訳者略歴

シルヴィ・クルティーヌ＝ドゥナミ（Sylvie Courtine-Denamy）
（「訳者あとがき」参照）

庭田茂吉（にわた　しげよし）
現在，同志社大学文学部教授，博士（哲学・同志社大学）
『現象学と見えないもの――ミシェル・アンリの「生の哲学」のために――』（晃洋書房，2001年），『ミニマ・フィロソフィア』（萌書房，2002年），『暗い時代の三人の女性――エディット・シュタイン，ハンナ・アーレント，シモーヌ・ヴェイユ――』（共訳：晃洋書房，2010年），ほか著訳書多数。

落合芳（おちあい　かおり）
現在，同志社大学嘱託講師
「幼少期・身体・環境――イディス・コッブとメルロ＝ポンティ現象学」（『メルロ＝ポンティ研究』第12号，2007年12月），「不滅の過去としての身体像――メルロ＝ポンティにおけるプルースト」（『関西学院大学哲学研究年報』第43輯，2010年3月），「注意，憤慨，根をもつこと――シモーヌ・ヴェイユの不幸論とアランの幸福論の交差から」（『ヒューマンセキュリティ・サイエンス』第7号，ヒューマンセキュリティ・サイエンス学会編，2012年7月），ほか。

シモーヌ・ヴェイユ――天上の根を求めて――

2013年7月10日　初版第1刷発行

訳　者　庭田茂吉・落合芳
発行者　白石徳浩
発行所　有限会社　萌《きざす》書房
〒630-1242　奈良市大柳生町3619-1
TEL（0742）93-2234 / FAX 93-2235
［URL］http://www3.kcn.ne.jp/~kizasu-s
振替　00940-7-53629

印刷・製本　シナノ パブリッシング プレス

© Shigeyoshi NIWATA, Kaori OCHIAI, 2013　　Printed in Japan

ISBN978-4-86065-078-0

# 人名索引

## ア　行

アイヒマン EICHMANN　148
アキレウス ACHILLE　197
アッシジの聖フランチェスコ FRANÇOIS D'ASSISE　58, 157
アベル ABEL　143
アラン(エミール・シャルティエの筆名) ALAIN(*pseudo de* Émile CHARTIER)　10, 11, 41, 84, 114
アーレント, ハンナ ARENDT, Hannah　52, 148, 178, 179
アロン, レイモン ARON, Raymond　17, 101, 115
アロン, ロベール ARON, Robert　82
アンチゴネー ANTIGONE　21, 30, 58, 85, 210
イサク・ル・シリアン ISAAC LE SYRIEN　200
イザヤ(預言者) ISAÏE(prophète)　3, 143, 193, 203
ヴァイニンガー, オットー WEININGER, Otto　150, 178
ヴァスト, ランザ・デル VASTO, Lanza DEL　15
ヴァラ, グザヴィエ　VALLAT, Xavier　88, 90, 138, 155
ヴァール, ジャン WAHL, Jean　105, 125, 145, 148, 176
ヴィダル参事会員 VIDAL, chanoine　154, 182
ヴェイユ, ベルナール&ラインヘルツ・セルマ WEIL, Bernard et Reinherz Salomé　9
エゼキエル ÉZÉCHIEL　3
エノク HÉNOCH　143
オノラ, エレーヌ HONNORAT, Hélène　16, 23, 29, 92, 140

## カ　行

カヴァイエス, ジャン CAVAILLÈS, Jean　30
カボー, ジャック CABAUD, Jacques　50
カミュ, アルベール CAMUS, Albert　6, 51
カール5世 CHARLES QUINT　12
カンクエ, リュシアン CANCOUËT, Lucien　84
カーン, ザドック(ラビ) KAHN, rabbin Zadoc　140
カーン, ジルベール KAHN, Gilbert　90, 92
カント KANT　98
クチュリエ師, マリー＝アラン COUTURIER, père Marie-Alain　29, 153
グリアン, ヴァルデマール GURIAN, Waldemar　101
クリエール, エミール COURRIÈRE, Émile　113
クロゾン, フランシス＝ルイ, 別名ヴ

ァンサン CLOSON Francis-Louis, *alias* Vincent　31, 32, 39, 123
クーロン夫人 COULOMB, Mme　86
ゴーション, シュザンヌ GAUCHON, Suzanne　18, 115
コルネイユ, ピエール CORNEILLE, Pierre　116
コント, オーギュスト COMTE, Auguste　100, 170

## サ　行

サン＝レアル神父 SAINT-RÉAL　117
シェークスピア, ウィリアム SHAKESPEARE, William　6
シエナの聖カタリナ CATHERINE DE SIENNE　188
ジニウスキー, ポール GINIEWSKI, Paul　79, 91, 150
シャイエ, ピエール CHAILLET, Pierre　20
ジャコブ, ドン・クレマン JACOB, Dom Clément　143, 153, 167, 175
シュタイン, エディット STEIN, Edith　178, 190
シューマン, モーリス SCHUMANN, Maurice　17, 20, 25, 29, 30, 156, 167, 169, 187, 191, 192
ショーレム, ゲルショム SCHOLEM, Gershom　149
スヴァーリン, ボリス SOUVARINE, Boris　51, 71
スーソ, ハインリッヒ SUSO, Heinrich　28
スタイナー, ジョージ STEINER, George　178, 190
スターン, エリオット・トマス STERN, Eliot Thomas　65, 167, 190
スピノザ, バールーフ SPINOZA, Baruch　70
スーリス, ミシェル SOURISSE, Michel　171
セム　SEM　147, 148
セルティヤンジュ神父, アントナン SERTILLANGES, père Antonin　164
ソクラテス SOCRATE　59

## タ　行

タギエフ, ピエール＝アンドレ TAGUIEFF, Pierre-André　151
ダニエル（預言者）DANIEL（prophète）　142
タルド, ギョーム・ド TARDE, Guillaume DE　89, 180
ダンディユー, アルノー DANDIEU, Arnaud　82
チャーチル, ウインストン CHURCHILL, Winston　17
ティボン, ギュスターヴ THIBON, Gustave　22, 23, 25, 58, 87, 89, 92, 124, 161, 188
テヴノン, アルベルチーヌ THÉVENON, Albertine　73, 80
デカルト, ルネ DESCARTES, René　48, 71, 98, 160
トインビー, アーノルド TOYNBEE, Arnold　101
ドゥトゥーフ, オーギュスト DETŒUF, Auguste　71

ドゥルティ，レオン・ブエナヴェンチュラ DURRUTI, Leon Buenaventura　19
ド・ゴール将軍 GAULLE, général DE　13, 17, 26, 120, 123, 132
トビア TOBIE　145
ドーマル，ルネとヴェラ DAUMAL, Véra et René　87, 139
トロツキー，レオン TROTSKY, Léon　43

## ナ　行

ナポレオン NAPOLÉON　12
ノア NOÉ　143, 146
ノヴィス，エミール（シモーヌ・ヴェイユの筆名）NOVIS, Émile (*pseudo de* Simone WEIL)　15, 72

## ハ　行

パスカル，ブレーズ PASCAL, Blaise　98, 155, 188, 201
ハーバート，ジョージ HERBERT, George　158
ハム CHAM　146, 177
バラール，ジャン BALLARD, Jean　15, 140
バラール，フランソワーズ BALLARD, Françoise　21
パリス PÂRIS　11
バレス，モーリス BARRÈS, Maurice　52
ヒトラー HITLER　10, 26, 52, 54, 57, 117, 151, 164
ビュルガス，別名ロベール・ジャン BURGASS, *alias* Robert Jean　10, 16, 17, 36
ファルンハーゲン，ラーヘル VARNHAGEN, Rahel　179
フィオーレのヨアキム FLORE, Joachim DE　100
フィリップ，アンドレ PHILIP, André　29, 31
フェーゲリン，エリック VOEGELIN, Erich　100, 130, 170, 208, 213
フェリペ２世 PHILIPPE II　12
ブーシェ，アンリ BOUCHÉ, Henri　12
ブスケ，ジョー BOUSQUET, Joë　157, 159
フライ，ヴァリアン FRY, Varian　184
プラトン PLATON　59, 109, 168, 170, 190, 201, 213
ブラン，ルネ BELIN, René　113
プルードン PROUDHON, Joseph　43
ブルム，マリー・ルイーズ（通称マルー）BLUM, Marie-Louise (*dite* MALOU)　20, 24
フロイント，ジュリアン FREUND, Julien　101
ブロック＝ラペイル，モニク BROC-LAPEYRE, Monique　169
ヘーゲル，フリードリッヒ HEGEL, Friedrich　100
ヘシオドス　HÉSIODE　96
ペタン，フィリップ（元帥）PÉTAIN, Philippe (maréchal)　14, 105, 132
ペトルマン，シモーヌ PÉTREMENT, Simone　88, 128, 168, 185
ベラスケス，ディエゴ VÉLASQUEZ, Diego　6

ペラン神父 PERRIN, père Joseph-Marie 16, 20, 21, 24, 36, 80, 87, 90, 92, 102, 154, 155, 156, 157, 159, 162, 169, 171, 175, 176, 177, 181, 188, 190, 194, 212
ベルヴィル夫妻 BELLEVILLE, M. et Mme. 86
ベルクソン, アンリ BERGSON, Henri 164, 176, 195
ベルシェ博士, ルイ BERCHER, docteur Louis 28
ベルジェ, ガストン BERGER, Gaston 15
ベルジュリ, ガストン BERGERY, Gaston 34
ベルナノス BERNANOS, Georges 76
ベルナール, ヴィクトール BERNARD, Victor 85
ヘレネー HÉLÈNE 11
ヘロドトス HÉRODOTE 174
ボーヴォワール, シモーヌ・ド BEAUVOIR, Simone DE 114
ポステルナーク, ジャン POSTERNAK, Jean 23, 85, 109
ポーラン, ジャン PAULHAN, Jean 15
ポリアコフ, レオン POLIAKOV, Léon 150
ホール, ノーブル HALL, Noble 12, 17
ボール, ユゲット BAUR, Huguette 32, 86, 126, 138
ボワチエ, ダニエル BOITIER, Daniel 171

## マ　行

マイスター・エックハルト MAÎTRE ECKHART 28, 200
マリタン, ジャック MARITAIN, Jacques 25, 29, 57, 137, 153
マルキオン MARCION 154, 169
マルクス MARX, Karl 43, 46, 47, 48, 81, 100, 102, 107, 170, 178
マルセル, ガブリエル MARCEL, Gabriel 168
ムーラン, ジャン MOULIN, Jean 121
モーセ MOÏSE 142
モーラス, シャルル MAURRAS, Charles 52, 115, 145
モーリアック, クロード MAURIAC, Claude 207

## ヤ　行

ヤーウェ JÉHOVAH 142
ヤペテ JAPHET 147, 148
ヨブ JOB 145, 195

## ラ　行

ラインヘルツ, セルマ（ヴェイユ夫人）REINHERZ, Salomé（Mme WEIL） 161
ラザール LAZARE 3
ラザレヴィッチ, ニコラ LAZ-ARÉVITCH, Nicolas 71
ラシーヌ, ジャン RACINE, Jean 155
ラビ, ウラジミール RABI, Wladimir 199
ラマルティーヌ, アルフォンス・ド LAMARTINE, Alphonse DE

98
リシュリュー RICHELIEU, Armand DU PLESSIS DE (cardinal) 12, 108, 111, 115, 117
リペール, ジョルジュ RIPERT, Georges 14, 151, 155
リュシー, フローランス・ド LUSSY, Florence DE 50, 149, 174
ルイ14世 LOUIS XIV 12, 111, 115
ルカ(聖人) LUC (saint) 193, 202
ルージエ, ルイ ROUGIER, Louis 17, 100
ルージュモン, ドニ・ド ROUGE-MONT, Denis DE 82
ルテリエ, ジャン LETELLIER, Jean 86
ルナン, エルンスト RENAN, Ernest 106, 123
ルーボー, ルイ ROUBAUD, Louis 112
ルリア, イツハク LURIA, Isaac 199
レイノー, ポール RAYNAUD, Paul 105
レヴィナス, エマニュエル LEVI-NAS, Emmanuel 190
レッシング, テオドール LESSING, Theodor 150
レーノー, アンヌ REYNAUD, Anne 189
ロシェ, デオダ ROCHÉ, Déodat 140
ローズベルト, F.-D.(アメリカ合衆国大統領) ROOSEVELT, F.-D. (président des États-Unis) 26
ロマン, ジュール ROMAINS, Jules 72
ロレンス, T. E. LAWRENCE, T. E. 196

# 文献一覧

## 1. シモーヌ・ヴェイユの著作

WEIL Simone, *Œuvres complètes*, t. I, Premiers *écrits philosophiques*, Paris, Gallimard, 1988.

——, *OC*, t. II, vol. 1, *Écrits historiques et politiques*. 1. *L'Engagement syndical*, Gallimard, 1988

——, *OC*, t. II, vol. 2, *Écrits historiques et politiques*. 2. *L'Expérience ouvrière et l'adieu à la révolution*, Paris, Gallimard, 1991.

——, *OC*, t. II, vol 3, *Écrits historiques et politiques*. 3. *Ver la guerre* (*1937-1940*), Paris, Gallimard, 1989.

——, *OC*, t. IV, vol. 1, *Écrits de Marseille, Philosophie, Science, Religion, Questions politiques et sociales* (*1940-1942*), Paris, Gallimard, 2008.

——, *OC*, t. VI, vol. 1, *Cahiers* (*1993-septembre 1941*), Paris, Gallimard, 1994.

——, *OC*, t. VI, vol. 2, *Cahiers* (*septembre 1941-février 1942*), Paris, Gallimard, 1997.

——, *OC*, t. VI, vol. 3, *Cahiers* (*février-juin 1942*), *La Porte du transcendant*, Paris, Gallimard, 2002.

——, *OC*, t. VI, vol. 4, *Cahiers* (*juillet 1942-juillet 1943*), *La Connaissance surnaturelle* (*Cahiers de New York et de Londres*), Paris, Gallimard, 2006.

ヴェイユのカイエには，次の邦訳書がある。

『カイエ１』山崎庸一郎・原田佳彦訳，みすず書房，1998年

『カイエ２』田辺保・川口光治訳，みすず書房，1993年

『カイエ３』冨原眞弓訳，みすず書房，1995年

『カイエ 4』冨原眞弓訳，みすず書房，1992年
また，上記 *OC*, t. VI, vol. 4 に関して，*La Connaissance surnaturelle,* Collection Espoir, Gallimard, 1950を底本とした次の邦訳書がある。『超自然的認識』田辺保訳，勁草書房，1976年。

シモーヌ・ヴェイユ全集〔*Œuvres complètes*〕は刊行途中であるため，他のテキストについては以下の版を典拠とする。

WEIL Simone, *Œuvres*, sous la direction de F. de Lussy, Paris, Gallimard, coll. «Quarto», 1999.

——, *Attente de Dieu*, préface de J.-M. Perrin, Paris, Fayard, coll. «Livre de vie», 1966.（「神をまちのぞむ」『シモーヌ・ヴェイユ著作集 IV』所収，渡辺秀訳，春秋社，1967年，または，『神を待ちのぞむ』田辺保・杉山毅訳，勁草書房，1967年）

——, *L'Enracinement*, Paris, Gallimard, coll. «Folio», 1949.（『根をもつこと』上・下，冨原眞弓訳，岩波書店，2010年）

——, *Écrits de Londres et dernières lettres*, Paris, Gallimard, coll. «Espoir», 1957.（『ロンドン論集とさいごの手紙』田辺保・杉山毅訳，勁草書房，1969年）

——, *Intuitions préchrétiennes,* Paris, La Colombe Édition, 1951; nouvelle éd., Paris, Librairie Arthème Fayard, 1985.（『前キリスト教的直観　甦るギリシア』今村純子訳，法政大学出版局，2011年）

——, *Poèmes*, suivis de *Venise sauvée,* Paris, Gallimard, 1968.（「救われたヴェネチア」渡辺一民訳『シモーヌ・ヴェーユ著作集 III』春秋社，1968年）

——, *La Pesanteur et la Grâce*, Paris, Plon, 1988.（『愛と死のパンセ』野口啓祐訳，南窓社，1969年，「重力と恩寵」渡辺義愛訳『シモーヌ・ヴェーユ著作集 III』春秋社，1968年，または，『重力と恩寵　シモーヌ・ヴェイユ「ノート」抄』田辺保訳，筑摩書房，1995年（講談社，1974年））

## 2. その他の著作

ARENDT Hannah, *Les Origines du totalitarisme. Eichmann à Jérusalem. Rapport sur la banalité du mal*, éd. Pierre Bouretz, Paris, Gallimard, coll. «Quarto», 2002.（『全体主義の起原１　反ユダヤ主義』大久保和郎訳，みすず書房，1972年，『全体性の起原２　帝国主義』大島通義・大島かおり訳，みすず書房，1972年，および『全体性の起原３　全体主義』大久保和郎・大島かおり訳，みすず書房，1974年，ハンナ・アーレント『イェルサレムのアイヒマン　悪の陳腐さについての報告』大久保和郎訳，みすず書房，1969年）

――, *Journal de pensée*, éd. par U. Ludz et I. Nordmann, trad. de l'allemand et de l'anglais, et postfacé par S. Courtine-Denamy, Paris, Éd. du Seuil, 2005.（『思索日記１（1950-1953），２（1953-1973）』U・ルッツ，I・ノルトマン編／青木隆嘉訳，法政大学出版局，2006年）

――, *Rahel Varnhagen. La vie d'une juive allemande à l'époque du romantisme*, trad. de l'allemand par Henri Plard, Paris, Tierce, 1986.（『ラーエル・ファルンハーゲン　ドイツ・ロマン派のあるユダヤ女性の伝記』大島かおり訳，みすず書房，1999年，あるいは，『ラーヘル・ファルンハーゲン　あるドイツ・ユダヤ女性の生涯』寺島俊穂訳，未来社，1985年）

ARENDT Hannah et JASPERS Karl, *Correspondance, 1926-1969,* rassemblée et annotée par Lotte Köhler et Hans Saner, trad. de l'allemand par Éliane Kaufholz-Messmer, Paris, Payot & Rivages, 1995.（『アーレント＝ヤスパース往復書簡　1926-1969　1-3』大島かおり訳，みすず書房，2004年）

ARON Raymond, *L'Âge des empires et l'avenir de la France*, Paris, Éd. Défense de la France, 1946.

――, *Mémoires: cinquante ans de réflexion politique*, Paris, Julliard, 1983.（レーモン・アロン『レーモン・アロン回想録１　政治の誘惑，２　知識人としての歳月』三保元訳，みすず書房，1999年）

BEAUVOIR Simone（DE）, *Mémoires d'une jeune fille rangée,* Paris,

Gallimard, 1958.（『娘時代』朝吹登水子訳，紀伊国屋書店，1961年）

BENBASSA Esther et ATTIAS Jean-Christophe (dir.), *La Haine de soi. Difficiles identités*, Bruxelles, Complexe, 2000.

CACCIARI Massimo, *Platonisme et gnose. Fragment sur Simone Weil*, trad. Michel Valensi, Paris, Éd. de l'Éclat, www.lyber-eclat.net.

CLOSON Francis-Louis, *Le Temps des passions. De Jean Moulin à la Libération 1943-1944*, Paris, Presses de la Cité, 1974.

DAVY Marie-Madeleine, *Simone Weil*, préface de Gabriel Marcel, Paris, Éditions universitaires, 1956.（『シモーヌ・ヴェーユの世界』山崎庸一郎訳，晶文社，1968年）

FITTKO Lisa, *Le Chemin des Pyrénées. Souvenirs 1940-1941*, trad. de l'allemand par Léa Marcou, Paris, Maren Sell & Cie, 1987.（『ベンヤミンの黒い鞄　亡命の記録』野村美紀子訳，晶文社，1993年）

FRY Varian, *La Liste noire*, trad. de l'américain par Edith Ochs, Paris, Plon, 1999; réédité sous le titre *Livrer sur demande*, Paris, Agone, 2008.

GABELLIERI Emmanuel, *Être et Don. Simone Weil et la philosophie*, Louvain-la-Neuve, Éditions de l'Institut supérieur de philosophie-Peeters, 2003.

GINIEWSKI Paul, *Simone Weil ou la haine de soi*, Paris, Berg International, 1978.

KOESTLER Arthur, *La Lie de la terre*, Paris, Éd. Charlot, 1947.

*La Bible*, traduite du texte original par les membres du rabbinat français sous la direction de Zadoc Kahn, grand rabbin, Paris, Éd. Colbo, 2004.

*La Sainte Bible*, traduite en français sous la direction de l'École biblique de Jérusalem, Paris, Éd. du Cerf, 1961.

LAHARIE Claude, *Le Camp de Gurs, 1939-1945. Un aspect méconnu de l'histoire du Béarn*, J & D Éditions, s. d.

LESSING Theodor, *La Haine de soi. Le refus d'être juif*, trad. de l'allemand et présenté par Maurice-Ruben Hayoun, Paris, Berg In-

ternational, 1990.
MEHLMAN Jeffrey, *Émigrés à New York. Les intellectuels français à Manhattan, 1940-1944*, préface Régis Debray, trad. de l'américain par P.-E. Dauzat, Paris, Albin Michel, 2005.
PÉTREMENT Simone, *La Vie de Simone Weil*, 2 vol., Paris, Fayard, 1973.（『詳伝シモーヌ・ヴェイユ I 1909-1934』杉山毅訳，勁草書房，1978年，および『詳伝シモーヌ・ヴェイユII 1934-1943』田辺保訳，勁草書房，1978年）
——, *Le Dualisme dans l'histoire de la philosophie des religions. Introduction à l'étude du dualisme platonicien, du gnosticisme et du manichéisme*, Paris, Gallimard, 1946.
——, *Le Dieu séparé, les origines du gnosticisme*, Paris, Éd. du Cerf, 1984.
*Philocalie* des Pères neptiques, trad. Jacques Touraille, Abbaye de Bellefontaine, 7 vol., Bégrolles-en-Mauges, 2004.
PLATON, *La République,* texte établi et traduit par Émile Chambry, Paris, Les Belles Lettres, 1975.（プラトン『国家』上・下，藤沢令夫訳，岩波書店，1979年）
——, *Le Timée*, trad. inédite, introduction et notes par Luc Brisson avec la collaboration de Michel Patillon, Paris, GF-Flammarion, 1992.（「ティマイオス」種山恭子訳『プラトン全集12』岩波書店，1975年，または，「ティマイオス」泉治典訳『プラトン全集６』角川書店，1974年）
POLIAKOV Léon, *L'Impossible Choix? Les crises d'identité juive*, Paris, Austral, 1994.
RENAN Ernest, *Qu'est-ce qu'une nation? Et autres essais politiques,* textes choisis et présentés par Joël Roman, Paris, Presses Pocket, 1992.（「国民とは何か」鵜飼哲訳『国民とは何か』河出書房新社，1997年）
REYNAUD Anne, *Leçons de philosophie de Simone Weil*, Paris, Plon, 1959.（『ヴェーユの哲学講義』渡辺一民・川村孝則訳，筑摩書房，

1996年（人文書院，1981年））
ROUGIER Louis, *Celse ou le Conflit de la civilisation antique et du christianisme primitif*, Paris, Éd. du Siècle, 1926.
SAINT-SERNIN Bertrand, *L'Action politique selon Simone Weil*, Paris, Éd. du Cerf, 1988.
TAGUIEFF Pierre-André, *La Force du préjugé. Essai sur le racisme et ses doubles*, Paris, Éd. de la Découverte, 1988.
TRAVERSO Enzo (dir.), *Le Totalitarisme. Le XXe siècle en débat*, Paris, Éd. du Seuil, coll. «Points essais», 2001.（『全体主義』柱本元彦訳，平凡社，2010年）
VETÖ Miklos, *La Métaphysique religieuse de Simone Weil*, Paris, Librairie philosophique J. Vrin, 1971.（『シモーヌ・ヴェイユの哲学　その形而上学的転回』今村純子訳，慶應義塾大学出版会，2006年）
VOEGELIN Erich, *Les Religions politiques* (1938), trad. de l'allemand par Jacob Schmutz, Paris, Éd. du Cerf, 1994.
——, *Science, politique, gnose* (Conférence de Munich, 1958), trad. de l'allemand par M.-B. de Launay, Paris, Bayard, 2004.
——, *Race et État* (1933), trad. de l'allemand par S. Courtine-Denamy, précédé de «Erich Voegelin, 1933: un philosophe face à l'idée de race et au racisme» par Pierre-André Taguieff, Paris, Librairie philosophique J. Vrin, 2007.
——, *La Nouvelle Science du politique. Une introduction* (1952), trad. de l'anglais, préface et notes par S. Courtine-Denamy, Paris, Éd. du Seuil, 2000.（『政治の新科学　地中海的伝統からの光』山口晃訳，而立書房，2003年）
——, *Order and History*, vol. 1, *Israel and Revelation* (1956), éd. Maurice P. Hogan, *The Collected Works of Erich Voegelin*, éd. Ellis Sandoz, 34 vol., Columbia & London, University of Missouri Press, 1990-2009.
WEIL André, *Souvenirs d'apprentissage*, Bâle, Birkhäuser Verlag, 1991.（『アンドレ・ヴェイユ自伝　ある数学者の修業時代』上・下，稲葉延

子訳，シュプリンガー・フェアラーク東京，1994年）
WIEVIORKA Olivier, *Une certaine idée de la Résistance*, Paris, Éd. du Seuil, 1995.

### 3. 論文

BIROU Alain, «Enracinement, obligation, surnaturel et *metaxu*», *CSW*, XVIII-1, janvier 1995.

——, «Simone Weil et le catharisme», *CSW*, VI-4, décembre 1983.

BLECH LIDOLF Luce, «Simone Weil et le gnosticisme», *CSW*, VI-2, juin 1983.

BLUM-DAVID Marie-Louise, «Entretien sur Simone Weil, la Résistance et la question juive», *CSW*, IV-2, juin 1981.

BOITIER Daniel, «L'impossible enracinement de Simone Weil. Simone Weil entre "judaïsme" et "catholicisme"», *CSW*, XIV-4, décembre 1991.

BROC-LAPEYRE Monique, «Les Hébreux», *Simone Weil, philosophe, historienne et mystique*, Paris, Aubier, 1978.

——, «Simone Weil ou la mystique nihiliste», *CSW*, XXII-3, septembre 1999.

BUBER Martin, «Bergson et S. Weil devant Israël», *CSW*, VI-1, mars 1983.

CABAUD Jacques, «Albert Camus et Simone Weil», *CSW*, VIII-3, septembre 1985.

CAMUS Albert, «Simone Weil», *Bulletin de la NRF*, juin 1949.

CANCANI Domenico, «Un texte de circonstance? À propos et autour de Simone Weil», *CSW*, XXII-1, mars 1999.

DALYIN Maura A., «Simone Weil gnostique?», *CSW*, XI-3, septembre 1988.

DANON Philippe, «À propos du catharisme», *CSW*, XII-2, juin 1989.

DELATTRE Floris, «Les dernières années de Henri Bergson», *Revue philosophique de la France et de l'étranger*, n° 38, mars-août 1941.

DEVAUX André, «Présence de Simone Weil dans la vie de Maurice Schumann», *CSW*, XXI-3, septembre 1998.

DROZ Claude, «Mystique et exigence de raison chez Simone Weil», *CSW*, XXII-3, septembre 1999.

EYGUN André, «Simone Weil et les paysans», *CSW*, IX-4, décembre 1986.

FARRON-LANDRY Béatrice-Clémentine, «Décréation: l'attention-*hesychia* chez Smone Weil, témoin de l'impossible», *CSW*, XII-1, mars 1989.

FIORI Gabriella, «Simone Weil: sa "trêve" de Marseille», *Agone*, 10, http://atheles.org/lyber_pdf/lyber_397.pdf

FRAISSE Simone, «La nation dans la pensée de Simone Weil», *CSW*, VIII-4, décembre 1985.

FREUND Richard, «La tradition mystique juive et Simone Weil», *CSW*, X-3, septembre 1987.

HORTON Cécilia, «La notion d'obligation chez Simone Weil», *Simone Weil, philosophe, historienne et mystique*, Paris, Aubier, 1978.

KAHN Gilbert, «Limites et raison du refus de l'Ancien Testament par Simone Weil», *CSW*, III-2, juin 1980.

——, «Deux lectures du livre de Paul Giniewski: Simone Weil ou la haine de soi», *CSW*, I-2, septembre 1978.

LEVINAS Emmanuel, «Simone Weil contre la Bible», *Difficile liberté*, Paris, Albin Michel, 1976.（「聖書に反抗するシモーヌ・ヴェイユ」『困難な自由〔増補版・定本全訳〕』合田正人・三浦直希訳，法政大学出版局，2008年，あるいは，「『聖書』に反対するシモーヌ・ヴェイユ」『困難な自由――ユダヤ教についての試論』内田樹訳，国文社，2008年）

LIÉNARD Marie-Dominique, «La notion de l'étranger dans l'œuvre de Simone Wei», *CSW*, XV-4, décembre 1992.

LUSSY Florence (DE), «L'autre Simone», Actes du colloque, «Déplacements, dérangements, bouleversement: artistes et intellectuels déplacés en zone sud (1940-1944)», Bibliothèque de l'Alcazar, Mar-

seille, 3-4 juin 2005, organisé par l'Université de Provence, l'Université de Sheffield, la Bibliothèque de l'Alcazar (Marseille). Textes réunis par Pascal Mercier et Claude Pérez. Url: http://publications.univ-provence.fr/ddb/document.php?id=89.

MAROGER Nicole, «Enracinement et pouvoir des mots», *CSW*, XV-1, mars 1992.

MENCHERINI Robert, «Simone Weil dans les archives judiciaires d'Aix-en-Provence», *CSW*, XVII-4, décembre 1994.

MOUNIER Emmanuel, «Une lecture de L'*Enracinement*», *CSW*, V-3, septembre 1982.

NARCY Michel, «Simone Weil mystique ou politique?», *CSW*, VII-2, juin 1984.

PÉTREMENT Simone, «Le problème du gnosticisme», *CSW*, XVI-2-3, juin-septembre 1993.

——, «Essai sur le dualisme», *CSW*, XVI-2-3, juin-septembre 1993.

RABI Wladimir, «La conception weilienne de la création. Rencontre avec la kabbale juive», dans *Simone Weil, philosophe, historienne et mystique*, Paris, Aubier, 1978.

——, «Du nouveau sur Simone Weil», *Nouveaux cahiers*, automne 1971, n° 26.

——, «Entretien sur Simone Weil, la Résistance et la question juive», *CSW*, IV-2, juin 1981.

REINHARDT Lloyd, «Les besoins de l'âme», *Simone Weil, philosophe, historienne et mystique*, Paris, Aubier, 1978.

RIAUD Jean, «Simone Weil et l'Ancien Testament», *CSW*, III-2, juin 1980.

ROLLAND Patrice, «Approche politique de l'*Enracinement*», *CSW*, VI-4, décembre 1983.

SAINT-SERNIN Bertrand, «État, nation et patrie selon Simone Weil (1909-1943)», *Communio*, XX, 4, n° 120, juillet-août 1995.

——, «L'idée de patrie et l'universel», *CSW*, XXII-4, décembre 1999.

SCHMIDT Lawrence E., «Simone Weil on religion: A Voegelian critique», *CSW*, XV-3, septembre 1992.

SCHUMANN Maurice, «Un bouquet tricolore», écrit pour le 20e anniversaire de la mort de Simone Weil, *Nouvelles littéraire* du 22 août 1963, cité dans André-A. DEVAUX, «Présence de Simone Weil dans la vie de Maurice Schumann», *CSW*, XXI-3, septembre 1998.

——, «Présence de Simone Weil», *Simone Weil, philosophe, historienne et mystique*, Paris, Aubier, 1978, p. 24.

SIRONNEAU Jean-Pierre, «Eschatologie et décadence dans les "Religions politiques"» http://www.u-bourgogne.fr/CENTRE-BACHELARD/confdoctrales.htm.

SOURISSE Michel, «La dialectique de l'enracinement et du déracinement dans la pensée de Simone Weil», *CSW*, IX-4, décembre 1986.

——, «Le passé comme besoin de l'âme», *CSW*, XV-3, septembre 1992.

SPRINGSTED Eric O., «The need for order and the need for roots: To being through history», *CSW*, XVIII-2, juin 1994.

STEINER George, «Sainte Simone: Simone Weil», *De la Bible à Kafka*, Paris, Bayard, 2002.

STERN Eliot Thomas, «Préface à L'*Enracinement*», *CSW*, V-2, juin 1982.

VELTRI Francesca, «*L'Enracinement* ou la quête de la civilisation perdue», *CSW*, XXXVI-4, décembre 2003.

以下も参照。*CSW*, III, 2, juin 1980, «Simone Weil et l'Ancien Testament», articles de J. Riaud, G. Kahn, R. Kühn, David Minton (Rapper), et dans *CSW*, XXX-3, septembre 2007, *Simone Weil antisémite? Un sujet qui fâche?*, les contributions de R. Chenavier, Francis Kaplan, M. Leibovici, et Dominique Bourel.